TENKARA Y BAMBÚ

El Pescador y el Tenkara
-
El Arte de Pescar con la Antigua Técnica Japonesa de Pesca con Mosca

Lelio Zeloni

Copyright © 2020 Lelio Zeloni

Todos los derechos reservados

ISBN: 978-1-80154-309-5

El Autor:

Lelio Zeloni nació en Prato, el 8 de agosto de 1953. Desde que era adolescente ha tenido dos pasiones, la pintura y la pesca. A lo largo de los años ha practicado spinning, pesca con mosca, tenkara y por supuesto, su favorito, pescar con pan. Estas experiencias con diferentes técnicas, lo han ayudado a convertirse en el experto pescador que es hoy.

leliopesca.com

Youtube: Lelio Pesca
Instagram: Lelio Pesca
Facebook: Lelio Pesca

En ningún caso se podrá exigir al autor responsabilidad legal o responsabilidad alguna por daños, reparaciones o pérdidas monetarias debidas a la información contenida en este libro. Directa o indirectamente.

Las reproducciones realizadas con fines profesionales, económicos o comerciales o para usos que no sean de uso personal sólo se podrán realizar previa autorización específica, emitida por el autor.

ÍNDICE

Prefacio...5

Introducción..11

1. Técnicas Practicadas Antes Del Tenkara.....................15

2. La Pesca Con Mosca Artificial....................................25

   El Comportamiento de los Peces..................................36

   La Pesca con Mosca Sumergida....................................38

   La Pesca con Mosca Seca..40

3. Las Medias-moscas...43

4. Cómo Conocí a La Tenkara..47

5. El Tenkara..55

   Los Orígenes de la Palabra Tenkara..............................56

   La Filosofía de la Cultura del Tenkara..........................59

6. Tenkara y Valsesiana..67

7. La Autoconstrucción de la Caña en Bambú................73

   Un Momento de Reflexión..74

   Cañas Modernas y Consejos...80

8. Los Hilos Del Tenkara..83

9. Las Moscas Del Tenkara..85
    Insectos Acuáticos..89
    Efemerópteros..90
    Tricópteros...93
    Plecópteros...95
    Cómo Utilizar los Distintos Tipos de Moscas............99
    Insectos Terrestres..104
    Dípteros..104
    Himenópteros..105
    La Autoconstrucción de las Moscas.......................106
10. Dónde Pescar en Tenkara......................................109
11. Cómo Enfrentar el Arroyo de la Manera Correcta...113
12. Cómo pescar a Tenkara..119
    Nuestra Caña para el Tenkara...............................120
    Cómo Preparar la Línea..120
    El Lanzamiento en el Agua....................................121
    La Captura y Suelta..123
Conclusión..125
Referencias Bibliográfica...127

Prefacio

¿Qué tal si empiezo diciéndote que el Tenkara es bueno para el cerebro? Sería una premisa bastante audaz para hacer en estas primeras líneas, pero sería interesante averiguar juntos si una pasión como la pesca puede también convertirse en una actividad que sea buena para la salud.

Comencemos diciendo que aprender cosas nuevas es bueno. Te sorprenderá saber que la falta de novedades debilita el cerebro. Cuando íbamos a la escuela casi siempre hacíamos algo nuevo. Nuevas asignaturas, nuevos temas, nuevos compañeros, nuevos juegos en el gimnasio y nuevos profesores con nuevos estilos de enseñanza. Todo esto ayudó a mantener nuestros cerebros frescos y activos.

Desafortunadamente, mucha gente después de la escuela cae en la trampa de hacer las mismas cosas todos los días. Para el cerebro, este comportamiento no es virtuoso. La rutina ahoga la creatividad del intelecto y deja de lado la vitalidad del individuo.

Al hacer siempre las mismas cosas el cerebro tiende a "encogerse", la repetición lo hace perezoso, por lo que es muy importante tratar siempre de hacer algo diferente para mantenerlo despierto.

Una mente brillante no es monótona y nuestro cerebro funciona bien si es estimulado por cosas nuevas, porque al usarlo se vigoriza, como un músculo.

Así que, querido pescador, aprovecha la pesca que te da la oportunidad de hacer muchas cosas nuevas. Puedes aprender nuevas técnicas sin usar siempre las mismas, puedes pescar en nuevos lugares, puedes visitar nuevos lugares y puedes lanzarte a atrapar peces que nunca has atrapado antes.

Todo esto revitalizará tu mente y te permitirá usar tus sentidos de una nueva manera. Estar abierto al cambio, ser curioso y aprender cosas nuevas nos permite sentir más emociones y vivir situaciones estimulantes. Todo esto ayuda a mejorar las sinapsis entre las neuronas, a hacer crecer las dendritas y a estimular la producción de neurotrofinas que ayudan a la supervivencia, el desarrollo y la función de las neuronas. Porque lo sorprendente es que las neuronas se desarrollan no sólo en los cerebros de los niños, sino también en los de los adultos.

Así que siempre trata de ir en busca de cosas nuevas, trata de cambiar tu pesca, cambia tus técnicas, cambia tus líneas, cambia tu cebo, siempre ve a lugares nuevos y trata de atrapar peces diferentes.

Ten cuidado de caer en la trampa de la rutina, siempre prueba tú mismo con nuevos y excitantes desafíos.

Cuando rompes la rutina, cambian los esquemas que se han establecido en tu mente y entrenas tu cerebro para lidiar con nuevas situaciones. De esta manera, procesas la información de una nueva manera y haces que tu cerebro sea más elástico para adaptarse a los cambios. Esto mejorará tu elasticidad mental y la neuroplasticidad de tu cerebro. Afortunadamente, tu grato entrenamiento mental no acaba ahí, porque también puedes dedicarte a la autoconstrucción, como los pescadores de antaño.

Dedicarse a la pesca DIY es sin duda un excelente entrenamiento mental porque es una actividad que estimula el cerebro, la creatividad, la lógica y el ingenio. Cuando realizas actividades como éstas que estimulan el intelecto, la estructura del cerebro cambia, la materia gris crece y la materia blanca mejora. Y esto, por supuesto, tiene un efecto positivo en todos los demás aspectos de la vida, porque todo lo que hacemos involucra a nuestro cerebro.

Acabamos de aprender con placer cómo una actividad como la pesca puede ser saludable y ayudar al cerebro a mantenerse joven y elástico.

Pero aún hay más, los beneficios no terminan aquí, porque a menudo ir a pescar coincide con estar en medio de la naturaleza. Una dimensión pura e incontaminada donde reina el orden natural. Justo lo que se necesita para deshacerse del estrés, relajarse y respirar buen aire.

Te sorprenderá saber que la simple visión del agua, ya sea un mar, un lago, un río o un arroyo, alivia y calma la mente a nivel subconsciente. La proximidad del agua te hace más relajado y pacífico, y se ha demostrado que la gente que está cerca de un curso de agua y al aire libre es más serena y feliz.

Después de leer estas primeras páginas, apuesto a que te apetecerá ir a pescar en medio de la naturaleza. ¡Eso es genial! ¡Pero quién sabe entonces qué loco deseo tendrás después de leer todo el libro!

Recuerda, sin embargo, que no importará cuál sea tu próximo destino de pesca. Y ni siquiera importará cuántos peces logres atrapar. Lo más importante de todo es aprender a disfrutar del viaje.

Sonríe al salir de la casa con tu equipo, y trata de saborear cada momento de tu viaje. Disfruta del paisaje, enciende tus sentidos, siente el aroma del río y las flores, escucha el canto del arroyo y los sonidos de la naturaleza mientras te dejas acariciar por esa suave y agradable brisa. Disfruta cada momento de tu día de pesca y de tu vida.

Porque al final, no importará a dónde vayamos, pero disfrutar cada momento de este extraordinario viaje llamado vida es lo más importante de todo.

Dr. Edoardo Zeloni Magelli

Introducción

En mi vida siempre he pescado con diferentes técnicas y pensé que sabía mucho de pesca. Muchos de ustedes me conocerán por mi pesca en el mar con pan, pero siempre he pescado en agua dulce también. Solía alternar mis viajes de pesca con el spinning, la pesca con mosca y a veces la pesca con línea libre con lombriz. Estas fueron las técnicas que me dieron más emoción.

Entonces un día, cuando menos te lo esperas, aparece de puntillas, el nombre de otra técnica: el Tenkara. Al principio no le di mucha importancia, pero con el tiempo, al practicarlo, me convenció.

Debo admitir que la práctica de la pesca con mosca ha hecho mi impacto con el tenkara mucho más fácil. En la pesca con mosca, solía construir mis finales con las diversas piezas decrecientes, comenzando en 0,45 y terminando en 0,14, también construí varios tipos de efímeros y ninfas. A pesar del placer de la autoconstrucción me di cuenta de que eso llevaba mucho tiempo y a veces me faltaba el tiempo para dedicarme a todo esto.

En el tenkara esto no sucede, porque todo es mucho más práctico, simple y menos exigente, pero sobre todo es muy divertido. Pensar bien en ello es todo lo que cada pescador busca inconscientemente. Y sin darme cuenta, finalmente lo había encontrado.

Para un pescador es muy importante conocer bien las diferentes técnicas de pesca, porque esto aumentará enormemente su experiencia. En situaciones de pesca difíciles siempre será capaz de entender lo que no funciona y por qué.

Me gustaría que prestaras mucha atención a estas páginas, especialmente a las iniciales, porque transferiré toda mi experiencia en ellas.

Describiré las técnicas que he practicado, y en cada

una de ellas hay un consejo, un mensaje que te ayudará a mejorar. Será como si los hubieras experimentado tú mismo.

Mi pesca es muy simple y asequible, pero puedo asegurarte que es muy efectiva. En mi humilde opinión, para que la pesca funcione, debe hacerse simple.

Pero ahora ha llegado el momento de comenzar nuestro viaje, y me parece correcto, ya que compartimos la misma pasión, tratar de transmitirte todo lo que he podido aprender.

En poco tiempo tú también te convertirás en un buen conocedor de la técnica tenkara, pero lo más importante será que lo pasarás en grande y no esperarás para volver a pescar.

1.
Técnicas Practicadas Antes Del Tenkara

De niño, la primera técnica que practiqué fue la pesca con caña fija, tanto en el mar como en agua dulce. Es la base de todo pescador y de todas las técnicas posteriores. Al no ser complicada, se aprende en poco tiempo y brinda momentos muy divertidos y placenteros para recordar.

Al continuar practicándola te conviertes en maestro de la técnica, pero en algunos spots sientes la necesidad de cambiar algo, sientes la necesidad de pescar más lejos de la orilla y de hacer pases más largos.

Fue entonces cuando decidí comprarme una caña con un carrete. Estaba muy satisfecho, podía explorar tramos mucho más amplios de río y pescar más profundamente en los lagos. Además, gracias a una caña de carrete, el mar te ofrece muchas formas diferentes de pescar y puedes usarla en diferentes lugares.

El tiempo pasaba muy agradablemente y leyendo varias revistas de pesca, me intrigaba cada vez más la técnica del Spinning. A menudo me decía a mí mismo:

"¡Cómo puede un pez morder una cucharilla! Es sólo un trozo de metal girando, no es posible, si lo fuera, habría resuelto el problema del cebo, lo tendría conmigo en todo momento y podría decidir ir a pescar en cualquier momento"

Fascinado por esta duda, decidí probar también la técnica del spinning. Compré una caña delgada con carrete y algunas cucharillas de Mepps, que en el catálogo de pedidos por correo se llamaban "Mister Fish".

Una vez que llegó el equipo de spinning, no podía esperar para probarlo.

Un hermoso domingo de primavera la ocasión se presentó inmediatamente, y junto con mi esposa decidimos ir de picnic a la cuenca de Suviana - un lago artificial situado en los Apeninos Boloñeses - y por supuesto traje el equipo de spinning que había comprado.

A primera hora de la tarde me decidí, aunque dudé un poco en intentarlo. Monté el barril, era un elegante látigo de dos piezas, era muy ligero y en general medía 150 cm. El carrete era un Jubilant y estaba cargado con un hilo de 0,22.

Até un mosquetón y de la caja de cucharillas tomé una de plata de Mepps número 2 y empecé a lanzar.

Mientras recuperaba el señuelo de una manera muy lineal y cuando estaba a unos metros de distancia, notaba el reflejo del señuelo en el agua.

A estas alturas el primer lanzamiento había fallado, así que pensé en volver a lanzarlo, cuando de repente oí un disparo en la punta de la caña y vi la silueta de un pez tratando de escapar sacudiendo toda la caña. Por un momento estuve casi incrédulo, no esperaba que ahí, justo a mi lado, hubiera un pez dispuesto a picar.

"*¡Entonces realmente funciona! ¡Increíble!*"

Exclamé, mientras mi corazón latía rápidamente con emoción.

Fue el primer pez que atrapé con spinning; ¡piensa en ello! Estaba en el séptimo cielo, cuando atraje ese pez hacia mí noté puntos rojos en su cuerpo, y con gran satisfacción me di cuenta de que era una trucha marrón.

Lo que había visto en las revistas de pesca y lo que siempre había imaginado que podía hacer también, se materializaba delante de mis ojos; ¡podía tocar una trucha marrón!

Después de varios lanzamientos enganché otro, ya estaba anticipando la segunda captura cuando de repente sentí que la caña cedía y venía hacia mí. ¡Se había soltado! Debo confesar que estaba un poco decepcionado por esta pérdida, pero al final, reflexionando, no me había ido tan mal, porque en el primer viaje de pesca de spinning pude enganchar dos truchas, practicando una nueva técnica de la que no sabía absolutamente nada. Lleno de confianza, el fin de semana siguiente, fui a la cuenca de Pavana, un pequeño lago artificial en los Apeninos Toscano-Emilianos.

Pescando con el mismo equipo esta vez no pesqué truchas, sino percas reales. Mi experiencia fue aumentando cada vez más y cada nuevo lugar de pesca que probé me dio hermosas emociones.

Llegó el verano y yo estaba de vacaciones con mi familia en Donoratico, en la costa de Livorno, en la Toscana. Nos gustaba pasar el tiempo en medio de la naturaleza en paz y tranquilidad respirando buen aire lejos de la ciudad. Habíamos encontrado un hermoso camping, era un bosque natural detrás de unas dunas marítimas con vistas al mar.

Había hecho nuevos amigos y hablando con ellos, me enteré de un pequeño lago en un campo. Este laguito era utilizado por los agricultores para el riego y no tenían nada en contra de que alguien fuera allí de vez en cuando.

Una tarde fui a pescar a ese laguito. Me movió una fuerte curiosidad porque no sabía qué peces encontraría allí, y llevado por mi instinto, decidí probar la pesca con spinning.

De la caja de cucharas, elegí un rotatorio de 2 gramos de cobre y empecé a tirar. Mi instinto me aconsejó bien, porque después de unos cuantos lanzamientos logré atrapar un Black Bass. Otros lanzamientos siguieron y atrapé otro Bass de nuevo.

Día tras día, más y más especies diferentes de peces capturaba, todo esto me hizo sentir más experimentado, porque estaba aprendiendo a notar los diferentes tipos de piques de los peces. Cada pez tenía una forma diferente de morder.

Había un pez que nunca había podido atrapar, ni con cebo natural ni con spinning. Este pez era el cavedano (el bagre itálico - Squalius squalus). Por varias razones se había convertido en una obsesión.

En las revistas de pesca leí que era muy inteligente, la línea tenía que ser muy ligera, el nylon muy delgado, el plomo casi invisible y que teníamos que llegar al río de puntillas porque nos oiría. Todo esto sólo me hizo parecer un pez imposible de atrapar. Cada vez que iba a pescar y no atrapaba un cavedano, me sentía como un principiante.

Estaba leyendo artículos en revistas sobre cavedanos a spinning y noté un anuncio muy interesante que me llamó la atención y me intrigó. Este anuncio decía que los cavedanos hacen cosas locas por la cuchara giratoria de Martin en verano.

Inmediatamente pensé en el Bisenzio, el río que cruza mi ciudad: Prato. Nunca antes había pescado a spinning en este río y acariciaba la idea de intentarlo.

Hablando de pesca con mi cuñado Gabriele, resultó que él estaba muy a menudo haciendo spinning en el Bisenzio y también atrapó algunos hermosos cavedanos. Conocía muchos buenos lugares y me invitó a ir con él.

No lo creerás, pero mi cuñado en ese momento me

pareció el salvador de la patria, el que puede enseñarte todo y que tenía que observar muy bien y memorizar cada uno de sus movimientos porque aprendería lo que aún no había podido comprender.

Fue gracias a él que pude aprender a atrapar cavedanos. ¡Gracias, Gabriel! ¡Muchas gracias! Han pasado muchos años, pero todavía llevo conmigo el recuerdo imborrable de esos extraordinarios viajes de pesca.

En invierno solía pescar con el minnow, mientras que en verano usaba cucharillas muy pequeñas del Martin amarillo y negro. A estas alturas ya pescaba a menudo en el Bisenzio, y había aprendido a conocer el río.

Recuerdo una tarde de enero en particular. El agua del río se ondulaba debido a un fuerte viento del norte y yo entraba en el agua muy lentamente con mis botas de pescador. Lo bueno de todo esto fue que el agua movida por el viento me ocultó de la vista de los peces.

Fue una tarde mágica, recuerdo que en los primeros 5 lanzamientos tomé 5 cavedanos. Era una señal de que era un buen momento y que haría buenas capturas. Durante la pesca, me movía constantemente a través de varias pistas muy lentas. Al final capturé toda la belleza de 22 cavedanos, todos ellos de tamaño discreto. Este sigue siendo mi récord personal de cavedanos atrapados a spinning en el Bisenzio. Pero los récords están hechos para ser rotos, ¿verdad? Estoy seguro de que puedo romperlo y sería genial hacer un video del día de pesca para compartirlo con ustedes a través de mis canales de redes sociales.

Pasaron meses y seguí pescando. Una vez más, gracias a mi cuñado Gabriele, atrapé un hermoso lucio en el lago Bilancino de Mugello. Como cebo usé una cucharilla de 28 gramos de Martin con un lazo rojo, y por supuesto tenía un bonito cable de acero.

Estaba muy satisfecho con mis capturas, había capturado muchas especies diferentes de peces con muchos cebos diferentes. Yo era cada vez más maestro de la técnica, a estas alturas ya la había aprendido muy bien y sentía la necesidad de aprender algo nuevo de nuevo.

2.

La Pesca Con Mosca Artificial

La pesca con mosca es de origen inglés, en esta técnica se encuentra todo el encanto de la vieja Inglaterra, y lentamente, de puntillas, ha logrado conquistar el mundo entero.

Los franceses fueron los primeros en entender el mensaje de la mosca y fueron capaces de encajar en el hermoso contexto de la pesca con excelentes y vanguardistas técnicas. Toda Europa siguió entonces este camino, incluyendo Italia.

Debemos reconocer que inicialmente era una técnica

de pesca reservada a unas pocas personas, debido a que el equipo era muy caro. La terminología extranjera no facilitaba el conocimiento de estas moscas artificiales, las mismas acciones de pesca eran difíciles de entender como la terminología.

Muchos pescadores consideraban que la pesca con mosca era una pesca de élite, y los que la practicaban a menudo desairaban las otras técnicas.

Todos estos factores ayudaron a mantener al público alejado de la pesca con mosca, pero afortunadamente ahora las cosas han cambiado.

El conocimiento de esta técnica ha cambiado totalmente mi comprensión de la pesca, y me ha hecho darme cuenta de que no es tanto el pez que capturamos lo que es importante, sino la forma en que lo capturamos.

Solía ver muchas películas y documentales en la televisión. Las cañas de estos pescadores estaban hechas de bambú refendu y tenían un mango de corcho, eran muy hermosas de ver y me fascinaba la forma en que estos pescadores lanzaban la mosca artificial. Extendían bien la cola de ratón en el aire detrás de ellos, y cuando estaba completamente estirada la lanzaban hacia adelante para que la mosca artificial descansara suavemente en el agua. Eran imágenes muy particulares y sugerentes que a menudo volvían a mi mente en los días siguientes.

"Esta técnica es muy bella, elegante, tiene un encanto propio, estoy convencido de que no puede ser fácil de aprender".

Pensé.

Siempre me gustaron las cosas difíciles, así que quería desafiarme a mí mismo otra vez. Primero me compré una caña de pescar con mosca, estaba hecha de carbono mezclado y medía 8 pies, equivalentes a unos 240 cm (un pie es 30,48 cm). También compré una cola de ratón DTF5 y un carrete Daiwa y algunas moscas, como la Red Spinner, March Brown y Coch y Bondhu.

Lleno de entusiasmo, quise probar el primer viaje de

pesca, consciente de que no sería fácil. Varias veces me dije a mí mismo:

"He aprendido bien las otras técnicas, conozco la pesca, aprenderé esta técnica también, sólo necesito tomarme el tiempo para aprender."

Al llegar al río, monté la caña, puse la cola de ratón en los anillos de serpentina y saqué 3 o 4 metros de cola del carrete. A esto conecté 2 metros de nylon del 0.30 y en el extremo del nylon volví a atar un nylon más delgado de unos 60 centímetros del 0.14.

Tuve que elegir la mosca y al observar los insectos voladores noté que algunos tendían al rojo, por lo que parecía lógico disparar un Red Spinner como una mosca.

Ahora se pone bueno.

"¿Cómo lanzo esta mosca? ¡Concentrémonos en el lanzamiento!"

Pensé.

Así que empecé a revisar mentalmente las imágenes que había visto en ese bello documental de la televisión de entonces.

Para levantar la cola hice una insinuación de doble tracción, es decir, levantar el barril con la mano derecha y al mismo tiempo tirar de la cola de ratón con la mano izquierda, tratando de estirarla bien detrás de mí, pero por más que lo intenté, la cola de ratón siempre caía al agua envolviendo todo el final de la mosca incluida.

"¡Hay algo mal!"

Exclamé.

Después de muchos intentos fallidos, decidí detenerme a regañadientes y regresé a casa muy decepcionado. En los días posteriores a esa triste experiencia, me di cuenta de que la fascinación inicial que había sentido por esta técnica se estaba desvaneciendo lentamente.

No tengo el hábito de abandonar las cosas, aunque no

me salgan bien, tenía que pensar en algo para compensarlo, así que decidí comprar un libro sobre la pesca con mosca donde enseñaba esta técnica de manera correcta.

Gracias a esa valiosa lectura, me di cuenta de que me había equivocado en casi todo. Me equivoqué en la construcción de las terminaciones de nylon decrecientes, no levanté bien la caña durante el lanzamiento y no estiré bien la cola del ratón detrás de mí para poder lanzarla hacia adelante.

No podemos improvisar el lanzamiento hasta que no hayamos practicado un poco primero. El lanzamiento en la pesca con mosca es muy importante, se necesita mucha experiencia, evita querer hacer las cosas rápidamente, en el peor de los casos significaría abandonar después de un corto tiempo y volver a pescar con las técnicas habituales y el cebo habitual, como las marionetas y las lombrices de tierra.

Tuve que empezar de cero y olvidarme de todo para empezar con buen pie. Por suerte, poco después me enteré de que en Prato, en el club de pesca deportiva de Giunti, se impartían cursos de pesca con mosca.

Sin demora y sin dudarlo un momento, fui inmediatamente a registrarme.

El curso se dividió en dos partes. La primera incluía lecciones teóricas sobre todo lo relacionado con la pesca con mosca, y estas lecciones se daban por la noche después de la cena. Luego estaba la parte práctica que se realizaba los sábados por la tarde, donde las lecciones se daban directamente en el río.

Tengo que admitir que estos instructores fueron muy buenos, con mucha paciencia nos dieron toda su experiencia de la mejor manera, y gracias a ellos aprendí realmente lo que es la pesca con mosca.

Después de terminar el curso, decidí poner en práctica lo que había aprendido. Cerca de mi casa había una pequeña cantera, donde solían extraer arcilla, y se había convertido en un pequeño lago. Cuando lo miraba al final de la tarde después del trabajo, a menudo veía pequeños círculos en la superficie del agua, eran los peces bullendo cerca de los insectos.

Era el lugar adecuado para poner en práctica lo que había aprendido en clase. No importaba cuán lejos lanzara porque podía ver el movimiento de los peces que pasaban constantemente de un banco de algas a otro.

Vi libélulas volando sobre la vegetación circundante y también muchas abejas, no tenía ninguna mosca parecida a éstas, pero me pareció apropiado probar el March Brown.

Tiré donde terminaban los bancos de algas y una vez en el agua hice vibrar a la mosca como si estuviera viva. Estas vibraciones no tardaron en hacer efecto porque poco después vi a un pez saltar del agua con la mosca en la boca y caer ruidosamente dentro. Era un Black Bass, no era tan grande, pero era muy combativo.

¡Qué alegría, qué emoción! Había capturado mi primer pez con la mosca artificial, era el premio correcto después de todo el tiempo que había pasado aprendiendo esta maravillosa y fascinante técnica.

Estos momentos quedan grabados en la mente y nunca se olvidan. Todavía lo recuerdo hoy como si fuera ayer.

Todavía hubo algunas otras capturas, siempre peces pequeños, pero muy graciosos. Además del Bass ese día también pesqué timbres e incluso percas de sol.

No son grandes capturas, pero la alegría fue inmensa porque ese día finalmente pesqué de la manera correcta y capturé diferentes tipos de peces. Entendí perfectamente que no es tanto el pez que se pesca, sino cómo se pesca.

Cuando pensé en el curso de pesca con mosca que había hecho, por supuesto las imágenes de las orillas del Bisenzio volvieron a mi mente, y mi deseo de volver a esas orillas para pescar creció día tras día. Y así lo hice.

Fui a pescar y llegué al río, observé la orilla con calma. Inmediatamente me di cuenta de los cavedanos que entraban y salían de las ramas de un tronco sumergido en el agua.

El agua no era profunda y un arbusto espeso me ocultó de su vista. Estos cavedanos nadaban tranquilamente justo debajo de mí. Estaba pensando en la mejor manera de meter la mosca en el agua, que era muy transparente. Esta situación me permitió observar bien con mis propios ojos las reacciones que el cavedano tendría con mi mosca.

Del carrete extraje sólo unos 2 metros de cola, acoplando un final de aproximadamente 1 metro de 0,14.

Habiendo visto algunos insectos marrones claros volando alrededor de la vegetación, decidí montar la March Brown como mosca.

Levanté mi brazo lanzando, y sosteniendo la caña en alto, lancé la mosca artificial colocándola ligeramente en la superficie del agua. Un cavedano se detuvo un momento, giró la cabeza hacia la mosca y comenzó a observarla.

"¡Tengo que sacudirla un poco para que los peces sepan que podría haberse levantado y escapado!"

Pensé.

El cavedano se acercaba lentamente a la mosca y se detuvo un momento. Todavía lo estaba viendo. Luego hice que la mosca diera pequeños saltos y finalmente vi que el cavedano abrió su boca, la tragó y la cerró de nuevo.

"¡Es hora de tirar!"

Pensé, y así lo hice.

Ya me estaba anticipando a la captura, estaba a punto de atrapar mi primer cavedano con la mosca artificial y todo parecía bastante fácil. Pero desgraciadamente, no fue así, y con una enorme decepción, sentí que la mosca subió ligeramente y vi que el cavedano se fue.

"¿Por qué? ¡Por qué!"

Me lo he preguntado varias veces.

He estado pensando mucho en este fracaso de la captura, puedo asegurarte que me ha enseñado mucho más de lo que debería. Nuestros fracasos son a menudo nuestros mayores maestros. Podemos aprender mucho de nuestros fracasos.

El cavedano es el pez menos deseado por los pescadores con mosca, pero es el más pescado porque no tiene temporadas de restricción y se encuentra en todas partes. Es un pez muy astuto, sospechoso, siempre desconfiado incluso cuando la imitación de la mosca es perfecta.

Donde el agua es profunda y lenta el cavedano se tragará nuestro cebo artificial de abajo a arriba, sin siquiera romper la superficie del agua, notamos sólo un círculo imperceptible y en un momento ya ha liberado nuestra mosca.

Uno tendría que planchar por adelantado para aprovechar el momento adecuado, pero esto es imposible. Este es el desafío para el astuto Ciprínido: ¡aprender el momento adecuado para la ferrata! Requiere mucha práctica, mucha práctica, sólo así podremos sacar alguna buena satisfacción de ello. La constancia siempre paga.

El Comportamiento de los Peces

Después de haber explicado el comportamiento del cavedano, quiero mencionar en general cómo se comportan los peces en el agua cuando quieren conseguir comida. Estas son cosas muy importantes que hay que saber, porque en base a esto podremos elegir el método de pesca más adecuado.

Todos los peces insectívoros están condicionados por el ciclo biológico de los insectos.

Cuando notamos la actividad de los peces en el fondo, significa que están cazando las larvas y ninfas que han salido de sus refugios. En este caso la imitación correcta para presentar al pez será una pequeña ninfa muy lanzada para que llegue al fondo. Si notamos que el pez del fondo sube a la superficie, podemos deducir que se está produciendo una metamorfosis y en este caso debemos utilizar una ninfa menos emplomada.

Si, por otro lado, el pez sube a la superficie y llega por debajo de la superficie del agua, significa que se está produciendo otra metamorfosis. En este caso podemos usar una ninfa sin plomada o una mosca sumergida que viajará bajo la superficie del agua.

Cuando vemos círculos en la superficie, significa que el pez está cazando a nivel del agua - en la jerga se dice que el pez está bullendo- esto indica la presencia de insectos que están llevando a cabo su desarrollo o que ya han completado su metamorfosis. Este es el momento mágico de la pesca con mosca seca a flote.

Estos comportamientos de los peces, influidos por la metamorfosis de los insectos, indican la técnica de pesca a practicar. Ahora sabrá cómo elegir la técnica correcta entre estas tres diferentes técnicas: pesca con mosca con ninfa, pesca con mosca sumergida y pesca con mosca seca.

Ahora veamos más de cerca estas dos últimas técnicas.

La Pesca con Mosca Sumergida

Esta técnica es muy rentable, podemos practicarla durante todo el año y en todas las condiciones ambientales posibles. Esto podría parecer contrario a lo que dije antes porque no hay referencia entre las actividades de los peces y la metamorfosis de los insectos.

Pero déjame explicarte mejor. Una observación cuidadosa nos lleva a la conclusión de que el pez no ataca nuestro cebo artificial sólo para conseguir comida, sino que también lo hace por otras razones. Sí, los peces no atacan sólo por la comida.

Diré que no podemos conocer los pensamientos de un pez y conocer su psicología, pero cuando las situaciones se repiten varias veces podemos establecer que hay reglas de comportamiento.

Muchas veces el pez quiere jugar y es estimulado a hacerlo por nuestro cebo artificial. Así que puede pasar cerca de nosotros, empujarlo y puede permanecer enganchado mientras está jugando.

Otras veces ataca el cebo artificial para defenderse, porque esta pequeña criatura ha estimulado su instinto de defensa territorial, o porque ha sido engañada por el juego.

La curiosidad también empuja al pez a tocar este

curioso objeto con su boca. Los animales se intrigan fácilmente. Son una serie de comportamientos que no tienen nada que ver con la obtención de alimentos.

Permítanme concluir diciendo que la pesca con mosca sumergida se practica descendiendo el curso de agua de montaña a valle.

Esto nos permitirá un mejor control del cebo artificial y podremos responder más rápidamente a la mordedura, incluso si a veces tenemos la impresión de que el pez permanece enganchado por sí mismo.

La Pesca con Mosca Seca

Si la técnica de la mosca sumergida puede practicarse prácticamente todo el año, la pesca con mosca seca es aconsejable durante el período de verano, porque encontramos más concentración de insectos en las proximidades de cada curso de agua.

Aprendemos a observar los insectos, a reconocer el

orden al que pertenecen, y sobre todo a prestar atención a sus formas y colores, porque cuanto más se acerque nuestra imitación al insecto real, más fácil será convencer a los peces de que piquen.

Son las clásicas burbujas que vemos en el agua las que nos sugieren pescar con mosca seca, todos esos círculos hechos por el pez que está haciendo burbujas en la superficie nos advierten que este es el momento mágico de la pesca con mosca seca. El pez está en un frenesí alimenticio, se lanzará con confianza sobre nuestras imitaciones sin pensarlo dos veces.

El pescador atento no perderá esta deliciosa oportunidad y dejará de lado las otras técnicas.

Lamentablemente, muchos pescadores desestiman esta actividad de observación de la naturaleza, pese a que es muy importante antes de comenzar a pescar acercarse al río y escrutar la vida de sus habitantes. Aquellos que lean bien la situación de lo que ocurre en el lugar de pesca serán recompensados con buenas capturas.

Esta técnica se practica remontando el curso de agua,

tenemos que lanzar desde el valle río arriba y podemos hacer lanzamientos cruzados o incluso contra la corriente.

Será muy importante ser bueno en lanzar nuestra mosca precisamente a una corta distancia de donde el pez está cazando. Al hacerlo, la corriente llevará nuestro cebo frente a la boca del pez de una manera inesperada y natural.

Recuerda que nuestra mosca tiene que comportarse en el agua como un verdadero insecto.

3.
Las Medias-moscas

Uno de los mayores inconvenientes de la pesca con insectos naturales o lombrices de tierra es la imposibilidad de mantener la forma del cebo a lo largo del tiempo durante la sucesión de saltos.

Esto se debe a que después de unos pocos lanzamientos, el cebo se amontona en el cuello o en la punta del anzuelo presentando un conjunto amorfo al descubrir el nudo de nylon y la pala del anzuelo.

Todas estas son situaciones que evitan que los peces muerdan el anzuelo y hacen que nuestra pesca sea improductiva. Para evitar este grave inconveniente, afortunadamente están las medias-moscas.

¿Qué son? ¡Te lo diré ahora mismo!

Es un cebo artificial que se cubre a medias con hilo de seda (o hilo de algodón) para hacer el cuerpo y la cabeza con sus hackles (las plumas de la pluma), mientras que para la otra mitad del anzuelo se dispara con cebo vivo, como marionetas, orugas o lombrices de tierra.

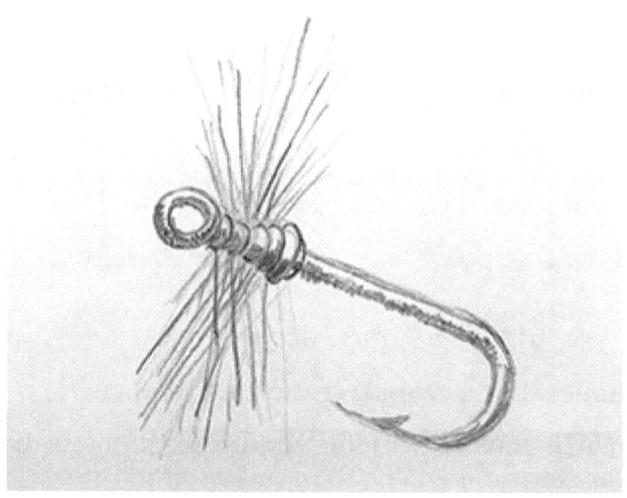

Fig. 1: *La media-mosca sin cebo.*

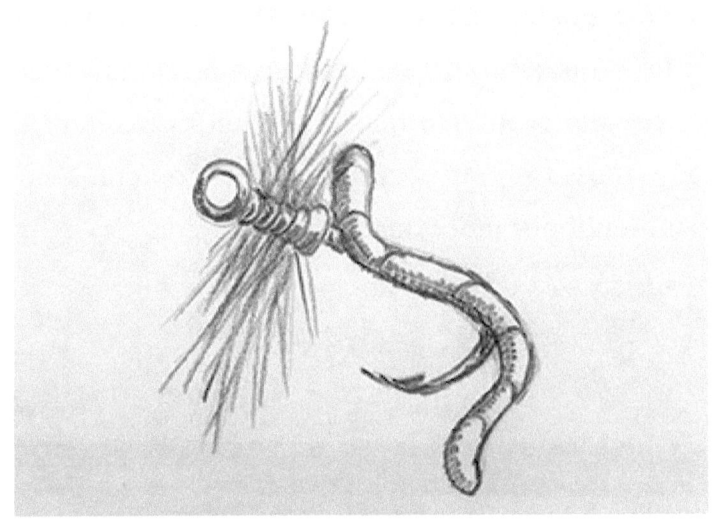

Fig. 2: La media-mosca con cebo vivo

La media-mosca también puede ser usada por otra razón. A muchos amigos pescadores les gustaría empezar a pescar con la mosca, están tentados, pero les falta el coraje para empezar y no se sienten preparados para dejar el cebo vivo por el artificial todavía.

Bueno, esta técnica tan simple te llevará de la pesca con cebo vivo a la pesca con señuelo. Notarán que el pez morderá fácilmente el cebo artificial cambiándolo por un cebo natural, y será gracias a las vibraciones y al sabor del cebo vivo que el pez podrá mantener la media-mosca en su boca por unos momentos más, permitiéndonos tener una tranquila tirada.

4.
Cómo Conocí a La Tenkara

Estoy muy agradecido a las medias-moscas porque fue gracias a ellas que pude escuchar la palabra Tenkara por primera vez.

Me había construido una media-mosca de seda amarilla con manchas de gallo blanco, para ser activada con la larva de una mosca de la carne.

El Bisenzio estaba cerca de casa, era de fácil acceso y había muchos peces. A este punto, yo lo conocía bien, se había convertido en mi río favorito. Era el río ideal para experimentar con la técnica de las medias-moscas. Fui al río, al borde de una cascada, donde el agua fluía rápidamente en el medio, mientras que a los lados fluía más lentamente. En estos rincones más lentos había muchas piedras en el fondo con algunas rocas que emergían. Así que era lógico deducir que había muchas chozas para peces.

Monté mi caña fija de 4 metros y 50 centímetros con línea libre, sin plomo y flotador, até una media-mosca construida en un gancho de 14, accionada con una larva de mosca de la carne. Lancé a la cascada, donde el agua que caía desde arriba formaba una hermosa espuma blanca, y dejé que al cebo lo llevara la corriente, manteniéndola en ligera tensión el hilo.

Al llegar al final, recuperé la media-mosca y la levanté de nuevo. Mientras revisaba cuidadosamente el hilo que pasaba entre dos rocas, de repente oí un fuerte golpe y vi que la parte superior de mi caña comenzaba a doblarse más y más.

"¡Lo tengo! ¡Las medias-moscas funcionan!"

Me dije a mí mismo.

Después de una corta resistencia, traje un cavedano a tierra. Aunque no era muy grande, había servido para darme confianza. De hecho, mientras seguía pescando, atrapé más cavedanos.

Por supuesto, al tratarse de pesca con línea libre, sin ningún tipo de plomo, el lanzamiento fue muy corto. Así que decidí añadir una pequeña plomada a 30 centímetros de la media-mosca, para poder tirar más lejos y hundir el cebo un poco más.

Así que lancé el anzuelo otra vez, pero esta vez mucho más lejos. La media-mosca tomó la corriente y se hundió lentamente más y más profundamente.

El nylon estaba pasando entre dos rocas afloraban, cuando de repente oí un golpe muy fuerte en la punta de la caña. Inmediatamente me di cuenta de que era una mordida diferente a las otras.

"¡Esto no es un cavedano!"

Exclamé.

Observaba con suficiencia toda la flexibilidad de la caña, que estaba muy doblada en ese momento. El pez se mantuvo constantemente en el fondo y trató de ir río arriba.

"Quién sabe qué pez es..."

Pensé.

Después de unos minutos, me di cuenta de que tenía razón, no era un cavedano. Cuando vi este pez, me sorprendí un poco al principio. Inmediatamente me di cuenta de sus pequeñas escamas, el color marrón verdoso de su espalda. Tenía una tendencia al amarillo en los costados y casi blanco en el vientre, y tenía una boca muy carnosa de la que colgaban cuatro bigotes.

"Es un bagre, ¡por eso lo tiraba a lo largo y ancho!"

Exclamé.

No lo creerás, pero en ese viaje de pesca con las

medias-moscas, haciéndolas sacudirse en el fondo mientras eran arrastradas por la corriente, me las arreglé para atrapar 11 bagres (Barbus plebejus). Además de todos esos cavedanitos que había sacado de la superficie sin la plomada.

Imagínate. Estaba muy satisfecho porque había practicado una nueva técnica que no conocía y además había capturado varios peces.

¿Y el Tenkara? Debes estar preguntándote. Bueno, en mi viaje de pesca vi a dos pescadores en la distancia. Estaban a sólo unas pocas decenas de metros de distancia, ambos pescando con la misma técnica: un lanzamiento, un break y un go.

Se acercaban cada vez más a mí. Los estaba observando y pensé erróneamente que estaban pescando con mosca. Cuando el primer pescador se acercó a mí intercambiamos un saludo, el clásico "Hola, ¿Qué tal?".

En su equipo, sin embargo, noté algo diferente, no tenía ni el carrete ni la cola de ratón, pero la caña era muy hermosa, tenía un mango de corcho, el color era un negro iridiscente, era delgada y flexible. Como soy muy curioso, le hice preguntas sobre su caña y cómo la usaba. Fue muy amable, me dijo que estaba pescando a tenkara, que era mucho más fácil que la pesca con mosca porque podemos movernos más fácilmente en el río, es menos exigente y no importa ser un buen lanzador.

Le agradecí sus respuestas y nos despedimos. En los días siguientes pensé en las palabras de ese pescador y su técnica: el Tenkara.

En un momento me vinieron recuerdos lejanos pero muy hermosos, cuando mi hijo era muy joven y veíamos juntos dibujos animados en la televisión. Había un dibujo animado que solía seguir de manera especial, era Sampei, el chico pescador. Me fascinó esa esbelta caña de bambú, pero más aún su entusiasmo y la facilidad con la que podía atrapar peces.

Esos videos expresaban la alegría de la pesca, la simplicidad del equipo y entendí que bastaba con muy poco para divertirse.

Asociando a Sampei con lo que me dijo ese pescador, llegué a la conclusión de que Sampei también pescaba a Tenkara. De repente sentí el deseo de aprender más. Desafortunadamente, no pude encontrar a nadie que me diera la información necesaria. Tuve que hacer muchas investigaciones, pero al final pude encontrar información bastante completa.

Habiendo estado pescando con mosca durante mucho tiempo, tuve que reconocer que el acercamiento a la tenkara fue muy simple. Pero lo que más me excita es la diversión, la esencia pura de la pesca, la alegría redescubierta que esta técnica puede darte.

No puedo saber si la persona que está leyendo este libro es alguien que sabe poco o nada de tenkara, o es un pescador experimentado. En cualquier caso, lo que haré en estas páginas será intentar transmitirle todo lo que sé.

5.
El Tenkara

El Tenkara es una antigua técnica japonesa de pesca con mosca. Su propósito era capturar varios tipos de truchas y salvelinos en varios arroyos de montaña. No se practicaba como deporte o pasatiempo como en nuestros tiempos, sino como una cuestión de supervivencia. Si atrapas el pescado, comes, si no, te saltas la comida.

Los pescadores transmitieron de padre a hijo los secretos que la experiencia les había enseñado.

La zona era rica en bambú y era muy fácil para ellos obtener este material con el que cada uno de ellos construyó su propia caña de pescar. El sedal estaba hecho de crin de caballo entrelazado con piezas decrecientes. Las moscas también fueron hechas de una manera muy simple y práctica, usando materiales fácilmente disponibles como plumas de pollo para los hackles e hilos vegetales para el cuerpo de la mosca. Pero a pesar de esto eran moscas muy pegajosas.

Esto confirma mi teoría derivada de la experiencia: no es la mosca lo que cuenta sino cómo se presenta al pez y cómo se la hace parecer viva.

El tenkara comenzó a convertirse en un pasatiempo en la década de 1960. Antes era una cuestión de supervivencia y profesión.

Desde los años 80 empezó a difundirse cada vez más como deporte gracias a los escritos de Yamamoto Soseki, que para muchos es el padre moderno del tenkara.

Los Orígenes de la Palabra Tenkara

La palabra tenkara se refiere a la pesca tradicional japonesa con mosca. Los orígenes de la palabra "tenkara" están envueltos en un halo de misterio, también porque no hay un verdadero "kanji" para esta palabra. Los kanji son los caracteres de origen chino utilizados en la escritura japonesa junto con los silabarios hiragana y katakana.

En cualquier caso, hay muchas pruebas de que la palabra tenkara se utilizó para referirse a esta técnica de pesca con mosca.

En el pasado, los Kijishi - los leñadores de la región Tōhoku de Japón - utilizaban las palabras tegara, tenkara, tengura, tenkarako o tenkako para describir los insectos voladores (Discover Tenkara, s.d.). Cuando se referían a la pesca con mosca utilizaban el término *tenkara-tsuri*.

Cuando algunas revistas japonesas de pesca hablaban de la pesca con mosca sin el carrete que Yamamoto Soseki promovía en sus libros, a veces se llamaba *kebari-tsuri*, a veces *tenkara* o *tenkara-tsuri*.

Las moscas artificiales para la pesca con mosca se

llamaban kebari. Esta palabra proviene de la fusión de otras dos, la primera es *ke* y significa pluma, mientras que la otra es *hari* que significa aguja, pero también se puede traducir como anzuelo para pescar. En el pasado los anzuelos se hacían con agujas de coser, dobladas manualmente hasta obtener la forma deseada, por eso podemos aceptar esta doble traducción. La palabra ke más hari por una razón de pronunciación toma el sonido de kebari.

Algunos lectores con todos estos términos podrían confundirse entre la pesca moderna con mosca con carrete y la pesca clásica sin carrete. Aquí vine en nuestra ayuda Yuzo Sebata, otro gran maestro de tenkara que consolidó el uso del término "tenkara" en la revista Tsuribito (Pescador) en la década de 1980 (Gaskell, 2020). Explicó que la técnica sin carrete que proviene de la tradición Shokuryoshi debe ser llamada tenkara.

Los Shokuryoshi no pescaban por diversión, eran los pescadores los que comerciaban con truchas, y no les importaban los carretes porque no eran necesarios. (Lyle, 2019).

No había necesidad de tirar lejos en los arroyos de la montaña y no había necesidad del carrete en la captura. Hicieron lo que yo suelo hacer en mis vídeos de pesca: levantaron la caña y cogieron el sedal con las manos para tirar del pescado a sus pies.

La primera definición de la palabra "tenkara" ha sido traducida por nosotros occidentales de una manera muy simple con este significado: desde el cielo. El significado es el siguiente: desde el cielo las moscas caen al agua, los peces se alimentan de ellas y por lo tanto es una traducción aceptable que encaja perfectamente con el ciclo natural del insecto y de los peces que se alimentan. Otra interpretación similar es que el pescador envía su mosca al agua desde el cielo.

La Filosofía de la Cultura del Tenkara

Referirse al tenkara sólo como una simple y trivial técnica de pesca con mosca sería muy simplista y erróneo.

La filosofía del tenkara preserva y honra muchos de los valores y habilidades que tenían los profesionales de la montaña. Entre ellos, no sólo estaban los Shokuryoshi, sino también los Kijishi que eran los leñadores y artesanos de la madera que mencionamos antes.

Produjeron pequeños objetos de madera torneada para lacar, así como tazones normales, cucharones y bandejas sin lacar. Originalmente eran nómades n, movían su base de operaciones de un valle montañoso a otro cada diez años más o menos. Formaron comunidades semipermanentes donde los recursos les permitieron integrar el trabajo de la madera con la agricultura (Wigen, 1995).

Es fácil para nosotros pensar que el conocimiento y el arte de la carpintería Kijishi han contribuido de alguna manera a la construcción de excelentes cañas de pescar y a la construcción de esas fantásticas redes de madera de antaño.

Entre estos profesionales se encontraban también los Matagi que eran los cazadores de los bosques de montaña, también en la región de Tōhoku, situada en el norte de Japón. Cazaban principalmente osos. Rezaban antes de entrar en el reino sagrado de la montaña, donde pasaban horas escuchando, esperando y observando, detectando señales casi imperceptibles de que un oso estaba cerca. (National Geographic, 2017). Los Matagi todavía existen hoy en día, y siguen cazando con las mismas armas que usaron sus ancestros.

Su cultura se centra en su fe en los dioses de la montaña. Para ellos la caza es una forma de vida y no una forma de deporte. Aunque parezca una paradoja, su caza es muy respetuosa y transmite una identidad profundamente ligada a la tierra y a los animales que cazan. Después de capturar la presa, dejan una parte del intestino del oso como ofrenda a la diosa de la montaña. (National Geographic, 2017). Los animales cazados son percibidos como regalos de los dioses de la montaña.

De alguna manera podemos decir que el tenkara es la hija de estas culturas de estos profesionales de la montaña.

Por ejemplo, las habilidades de los Shokuryoshi

probablemente provenían de los Matagi, porque cuando cazaban osos, a menudo pescaban el salvelino blanco, para trasladarlo a los arroyos donde no estaba o estaba poco presente (Discover Tenkara, n.d.). Era su comida de reserva si la caza era mala para ellos. Estas son lecciones de pesca y supervivencia que fueron transmitidas a estos clanes profesionales de la montaña.

Una persona que encarna este genuino espíritu de tenkara es ciertamente Yuzo Sebata que ha dedicado su vida al desarrollo y promoción de la filosofía y práctica del tenkara. Básicamente inventó la exploración de alto riesgo y locamente aventurera "genryu" combinada con la pesca de tenkara inspirada a los Matagi y los Shokuryoshi.

Sebata-san tenía un gran conocimiento del medio ambiente, escaló, nadó, buscó comida y acampó durante semanas dentro de las viejas cuevas y refugios de los Matagi como un explorador intrépido, para acceder a las zonas más remotas y vírgenes de los arroyos de la montaña. Estos manantiales y fuentes se llaman "genryu".

Este fue el tenkara de Sebata, el aventurero genryu-tenkara que inspiró a muchos entusiastas de las actividades al aire libre.

Sus amigos dicen que Sebata comparte la misma personalidad que el iwana que está persiguiendo. (Gaskell, 2020). El iwana es el nombre japonés para el salvelino blanco, una trucha del este de Asia.

Estos peces tienen la característica de seguir nadando más y más río arriba y, por tanto, remontar los cursos de agua, y lo hacen mucho más allá de los límites de las truchas y los salmones japoneses.

Al igual que los salvelinos blancos, Sebata-san tenía ese deseo imparable de seguir avanzando río arriba para encontrar sus límites, así como para alcanzar, y eventualmente escalar, el obstáculo que derrotó a la iwana en todos los sistemas fluviales. (Tenkara Angler, 2020).

Para los apasionados del genryu-tenkara, por supuesto, la pesca es sólo una pequeña parte de toda la experiencia. No es sólo una combinación de senderismo, escalada y camping, es algo aún más extremo como nadar con una mochila donde tienes todo dentro, cruzar el agua con cuerdas e incluso sobrevivir en un terreno difícil.

> *"La pesca de Tenkara es simple, lo que me hace sentir que soy parte de las montañas"*
>
> Yuzo Sabata

El genryu-tenkara es sólo una variante del tenkara. A partir de los años 80, además de la difusión del tenkara tradicional, comenzaron a desarrollarse otras técnicas, derivadas del tenkara. Estas difieren de las cañas utilizadas en la construcción de la línea. Por ejemplo, algunos aceptaron el uso de la Level Line.

Pero, aunque hay diferentes escuelas, todas se basan en las habilidades de los Shokuryoshi, que procuraban comida para sus familias y comerciaban con el pescado.

Te sorprenderá saber que aún hoy en día hay maestros de tenkara que han vivido la vida de un

Shokuryoshi profesional. No todos se han extinguido y algunos todavía lo hacen hoy en día por lo menos durante parte de sus vidas (Discover Tenkara, n. d.).

6.

Tenkara y Valsesiana

El Tenkara es muy similar a nuestra Valsesiana, una técnica de pesca con mosca que se practica desde hace siglos en Valsesia, un valle alpino de la provincia de Vercelli en Piamonte a los pies del Monte Rosa.

También se practica sin carrete y sólo requiere una caña fija, una línea de crin de caballo y moscas simples. Difiere del tenkara sólo en algunos detalles. Como en el tenkara, los secretos de esta pesca se han transmitido de padre a hijo.

Los pescadores con mosca británicos pescaban principalmente en aguas tranquilas y podían lanzar el cebo lejos y hacerlo flotar. Mientras que en Valsesia, donde a menudo hay corrientes rápidas y turbulentas, y esto no es posible, se desarrolló una técnica de pesca de corta distancia basada principalmente en el uso de moscas sumergidas. (Pesca Network, 2011).

La Valsesiana es una pesca de movimiento y se practica para ir cuesta arriba, es decir, subiendo el arroyo desde el valle hasta la montaña.

En el tenkara se utiliza una sola mosca, mientras que en el Valsesiana se suelen utilizar 3, a veces incluso 4 y hasta un máximo de 5. Estas moscas atadas entre sí forman el llamado "tren valsesiano", y su longitud puede variar de 70 a 100 centímetros.

El uso de más moscas no es necesario para intentar capturar más de un pez a la vez, aunque puede ocurrir ocasionalmente, pero nos permite presentar las moscas a diferentes distancias e incluso a diferentes profundidades en un solo lanzamiento, esto nos ayuda a cubrir el agua de manera más eficiente.

Por ejemplo, considerando las 3 moscas, la mosca superior pesca en el fondo, la del centro, pesca en el medio del agua y la tercera pesca en la superficie. Al pescar en la superficie, la tercera mosca también puede actuar como una señal de mordida para las otras dos moscas. La mosca superior se sostiene de manera que casi baila en la superficie del agua, casi como la antigua técnica americana o británica llamada "dibbling the top dropper" (Stewart, n.d.).

Normalmente se pesca con tres moscas a unos 35 cm de distancia y la distancia depende mucho del ancho del arroyo y de la velocidad del agua (Boccardo, n.d.).

Las moscas suelen estar montadas en anzuelos grub, que son más arqueados y curvos que los más comunes. En el pasado, se usaban anzuelos sin ojales en los que se ataba la línea y se construía la mosca directamente sobre ella (Boccardo, n.d.).

Para la fabricación de estas moscas se suelen utilizar plumas procedentes de aves de caza típicas de los valles piamonteses, como perdices, perdices pardillas, perdices de roca, becadas, faisanes y tordos (Boccardo, n.d.).

Las moscas son sorprendentemente similares a las

moscas kebari utilizadas en el tenkara. Como mencionamos antes, como en el tenkara, la línea era construida con crin de caballo. Fue retorcida y trenzada en orden descendente. Luego se realizaba para que se tornara cada vez más delgada hacia el final. Por lo general, estas trenzas comenzaron de 18-20 crines de caballo cerca de la chimenea, hasta 2-4. En este extremo fue atado el tren Valsesiano.

Con las moscas en Valsesia podemos atrapar diferentes tipos de peces, como la trucha marmorata, la trucha marrón, la trucha arcoíris, la trucha alpina, la trucha de manantial y el tímalo. A veces también podemos atrapar algunos hermosos cavedanos.

Concluyamos ahora hablando de la caña. La caña valsesiana suele medir entre 3,5 y 4 metros. Puede ser incluso más larga, como 4 metros y 70 centímetros, si se utiliza en los ríos del fondo del valle.

La caña tradicional está compuesta de tres piezas, las dos primeras en caña comúnil (Arundo donax) - un material que se encuentra fácilmente en las orillas de los ríos - mientras que la parte superior es de bambú, porque es más flexible, más delgado y resistente.

Como alternativa al bambú, se puede utilizar el avellano o el sanguiño (Cornus sanguinea).

La segunda pieza es la más corta y sirve de conexión entre el cuerpo de la caña y el puntero. Este último suele tener una longitud de entre 50 y 100 centímetros, obviamente varía según el tamaño de las otras piezas, y sirve para dar resistencia y sensibilidad a toda la caña.

Tradicionalmente, las ligaduras los injertos se hacían con cuerda de cáñamo y luego se pasaban en brea y el conjunto una vez terminado se comporta como una sola pieza, flexible pero resistente, capaz de atrapar peces de hasta unos pocos kilos. (Scalvini, n.d.).

Aunque con muchas variantes modernas, es bueno saber que aún hoy estas maravillosas cañas se siguen produciendo a mano en Valsesia. Es muy importante mantener y transmitir las hermosas tradiciones.

7.
La Autoconstrucción de la Caña en Bambú

En este capítulo te daré algunos consejos muy útiles para aquellos que quieran intentar construir sus propias cañas de bambú. En primer lugar, el bambú debe ser cortado en invierno, porque la savia se detiene.

La caña a cortar debe tener al menos 4 metros de largo. Una longitud más corta no es buena, significa que la caña no está lo suficientemente madura para ser cortada. Es recomendable cortar varias de ellas, por lo que en caso de desperdicio, tendremos más piezas disponibles. Posiblemente cuando estemos frente a las cañas, tratemos de elegir las cañas más rectas, así perderemos menos tiempo cuando tengamos que enderezarlas.

Las cañas cosechadas deben ser secadas y sazonadas en un lugar seco y ventilado. Cuando estén completamente secas, podemos pasar a la fase de enderezamiento. Podemos usar cualquier fuente de calor para calentar la caña, una chimenea, una estufa de gas o un brasero, dependiendo de lo que tengas disponible.

Un Momento de Reflexión

Hoy en día, en la era del consumismo, es raro ver a los pescadores con cañas de madera. Esto es realmente una lástima, porque en su simplicidad contienen todo el encanto de la pesca.

Las cañas de madera se adaptan bien al medioambiente, están construidas con material natural de muy bajo coste y en caso de rotura de una pieza, el propio pescador puede sustituirla de forma muy sencilla. Otra cosa buena de cuando construíamos nuestras propias cañas, es que cada caña era diferente porque cada una la personalizaba según su gusto y habilidad en la fase de construcción.

Cada pescador estaba orgulloso de su caña, porque había escogido cuidadosamente cada pieza, para tener una acción que satisficiera sus necesidades.

Desafortunadamente, todo esto terminó inexplicablemente un día. Las cañas telescópicas reemplazaron a las injertadas y la fibra de vidrio tomó el lugar de la madera. Son muchas más cómodas y menos voluminosas al cargarlas cuando vamos a pescar.

Para ser honesto, yo también lo pensé, tienen bonitos colores y están disponibles en varias longitudes. Pero a veces no nos damos cuenta de que es sólo una pasarela continua para mostrar nuestras cañas mientras estamos pescando.

Un sabio proverbio dice: "La hierba del vecino es siempre más verde". Muy a menudo es verdad, a los pescadores les gustan las cañas de otras personas. Con los años, todos nos convertimos en coleccionistas. A lo largo de los años siempre hemos comprado cañas nuevas, engañándonos a nosotros mismos con que la próxima será la última.

Nuevas fibras han llegado al mercado para la construcción de las cañas como el Kevlar, que es tres veces más fuerte que el acero y un 20% más ligero que el carbono. El boro, que es más sólido que el acero y más ligero que el aluminio, hace que las cañas sean más sensibles y resistentes. Y el carbono, que tiene una excepcional ligereza y ausencia total de vibraciones.

Estas fibras están listas para satisfacer cualquier requisito del pescador más avanzado. El único punto delicado podría ser el precio, ya que cuestan mucho y tal vez no están al alcance de todos. A veces, mirando y reflexionando sobre toda la serie de cañas que yo también he comprado en el pasado, aparece en mí una especie de arrepentimiento.

"¿Por qué compré todas estas cañas? ¿Por qué?

Con mucha nostalgia todavía pienso en mi primera caña de madera, hecha de cuatro piezas encastrables. Fue la caña que mis padres me dieron cuando tenía 14 años. Muchas veces sentí el deseo de poder tenerla en mis manos de nuevo y pescar con ella una vez más para revivir esas antiguas emociones de cuando no se necesitaba mucho para divertirse.

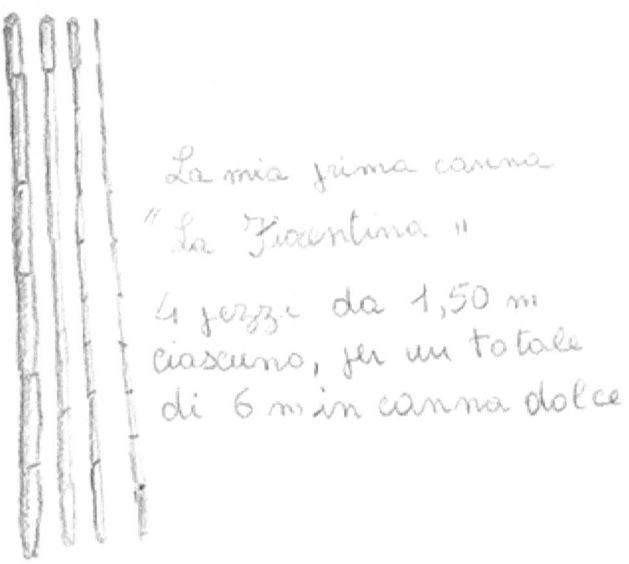

Fig. 3: *Mi primer caña "Fiorentina". 4 piezas, 1,50 m. cada una, por un total de 6 m de "caña dulce"*

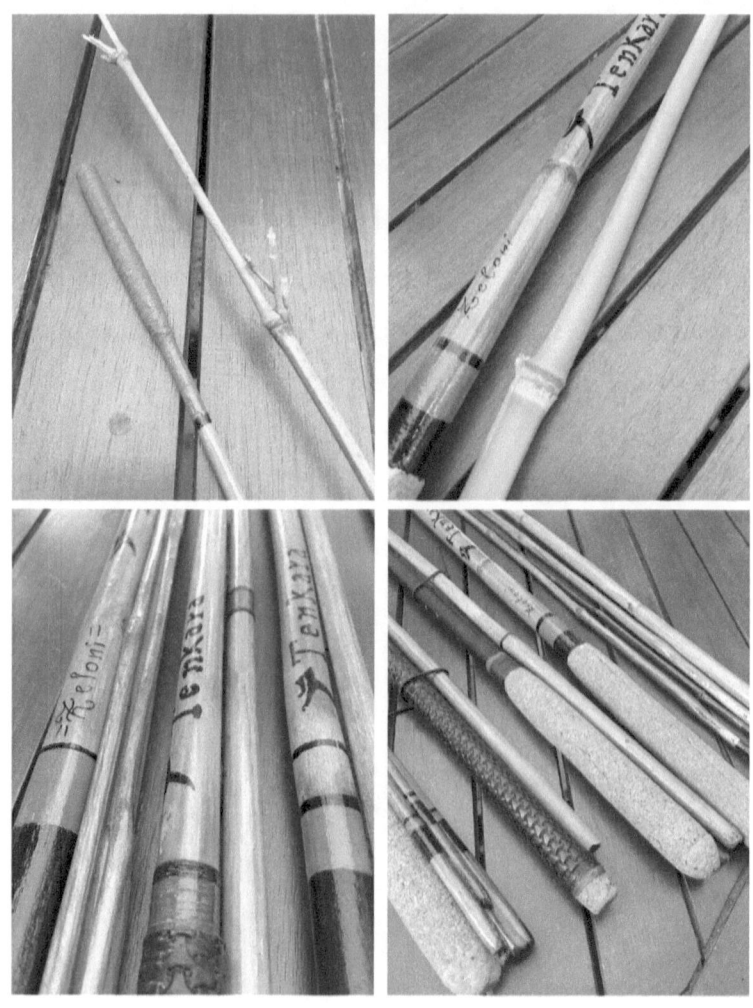

Fig. 4: Algunas de mis cañas de bambú autoconstruidas.

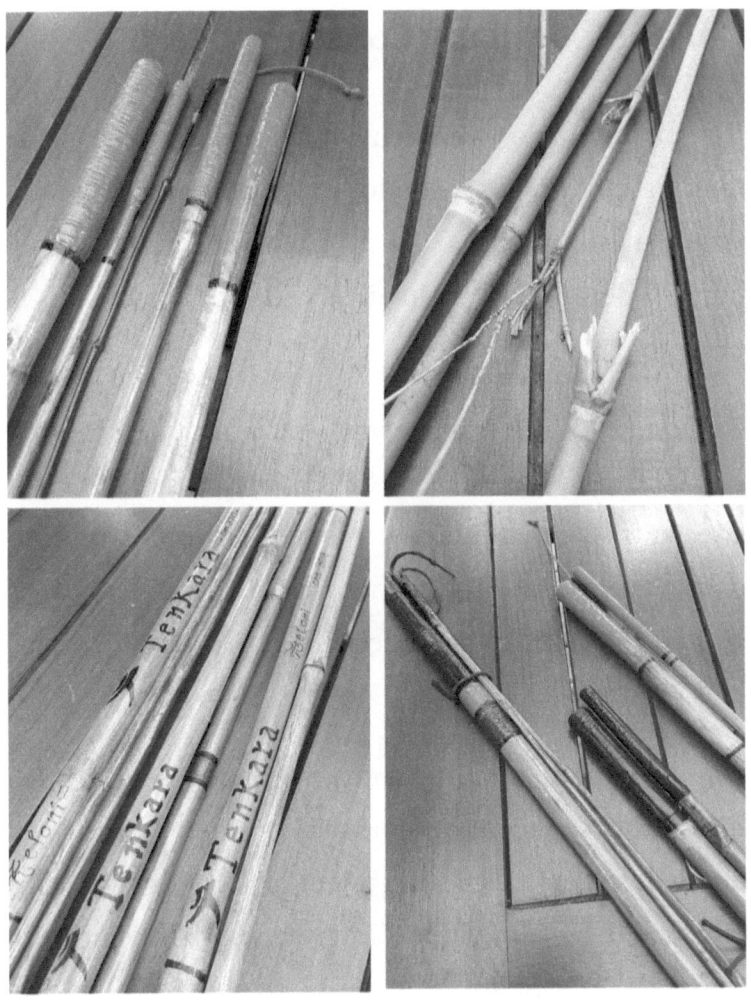

Fig. 5: *Algunas de mis cañas de bambú autoconstruidas.*

Cañas Modernas y Consejos

En el mercado también encontramos cañas de tenkara de fibra de carbono, son telescópicas y por lo tanto muy prácticas en el transporte. Tienen un tamaño de sólo 54 centímetros y un peso de menos de 60 gramos.

La longitud de estas cañas varía de 320 a 400 centímetros. Las cañas de 320 centímetros son adecuadas para pequeños arroyos de montaña con poca vegetación circundante, mientras que las cañas de 400 centímetros son adecuadas para arroyos y ríos más grandes.

Hay que calcular que cuanto más larga sea la caña, más espacio libre tenemos que tener a nuestro alrededor en el lanzamiento. Así evitaremos enganchar la vegetación circundante, incluyendo las ramas de los árboles.

Cada caña tiene su propia acción y se expresa en relación con las partes rígidas y flexibles. Ejemplo: si encontramos la escritura 7:3 en la caña significa que las 7 partes inferiores de la caña son rígidas, mientras que las otras 3 partes superiores son flexibles. Las acciones más utilizadas son 6:4 y 7:3. Por supuesto, también hay cañas mucho más rígidas con una acción de 8:2 o cañas muy flexibles con una acción de 5:5.

Esta información sobre las cañas en el mercado puede ser de inspiración para su propia construcción.

Concluiré con otro consejo. Cuando terminemos de pescar y cerremos la caña, recuerda tener mucho cuidado con las partes finas de la caña, porque son muy delicadas. De esta manera evitaremos posibles roturas.

8.
Los Hilos Del Tenkara

Tirar una mosca muy ligera al agua es posible gracias a un simple cordel que puede lanzarla hacia adelante gracias a su peso.

Este tipo de cordel es tradicionalmente cónico, yendo de un extremo grueso a uno más fino, como la clásica cola de ratón usada para la pesca con mosca con cañas de origen inglés. Otro tipo de cordel muy utilizado es la level line, éste mantiene el mismo grosor en toda su longitud.

En el mercado lo encontramos en cómodas bobinas y cuando es necesario podemos cortarlo fácilmente en la longitud deseada, es muy práctico y también económico.

La level line, en el sistema clásico del tenkara, es tan larga como la longitud de nuestra caña. A esta le añadiremos un trozo de nylon, también llamado "tippet", que varía desde aproximadamente 1 metro, hasta 1 metro y 50 centímetros, al que ataremos nuestra mosca al final del sedal.

Personalmente siempre he usado terminaciones de nylon de 0.12 o 0.14. La terminación de nylon sirve para evitar que los peces vean nuestro cordel y no olvidemos que nunca debe apoyarse en el agua.

Cuando estemos pescando con mosca seca tendremos que mantener el nylon fuera del agua, sólo nuestra mosca tendrá que tocar el agua. Por el contrario, cuando pescamos bajo el agua, tenemos que hundir el nylon. Por supuesto, para reaccionar rápidamente al pique del pez, debemos mantener siempre nuestra mosca colgando con el sedal bajo una ligera tensión.

9.
Las Moscas Del Tenkara

Podemos decir con total convicción que a lo largo de la larga historia de Tenkara se han utilizado muchos modelos de moscas artificiales.

Cada región de Japón tenía sus propios modelos tradicionales, un poco como nosotros los occidentales, donde cada región tiene sus propias tradiciones.

Cuando vamos a pescar en un arroyo y hacemos buenas capturas con un cierto tipo de mosca, ¿qué vamos a hacer las próximas veces que volvamos a pescar allí? Por supuesto que siempre usaremos la misma mosca, porque estamos seguros de que funciona porque ya hemos pescado con ella. Así que no tendremos que preocuparnos tanto por elegir la mosca correcta, sino que tendremos que ser muy cuidadosos en la forma de presentar nuestra mosca en el agua.

La puesta en el agua debe ser muy delicada, entonces debemos darle vida con llamadas muy ligeras, hacerla vibrar como un insecto vivo que cae al agua accidentalmente y trata de levantarse en vuelo.

Un modelo de mosca japonés muy versátil es el famoso Kebari - que sería más apropiado llamar Sakasa Kebari - y la característica que lo diferencia de los demás son las hackles hacia adelante.

La Sakasa Kebari es por lo tanto una "mosca invertida", con hackles invertidos y son muy fáciles de hacer. También se pueden utilizar en la pesca tradicional con mosca. Ya hemos visto que fue creado originalmente para ser utilizado en las vías fluviales japonesas para la pesca de truchas y salvelinos autóctonos.

Otra diferencia con nuestras moscas occidentales es que las nuestras intentan imitar insectos reales, mientras que las Sakasa Kebari son moscas más atractivas e impresionistas, son moscas de pura fantasía que en lugar de tener la forma de un insecto real, tienden a tener rasgos generalistas que permiten al pez identificarlo como mejor le parezca.

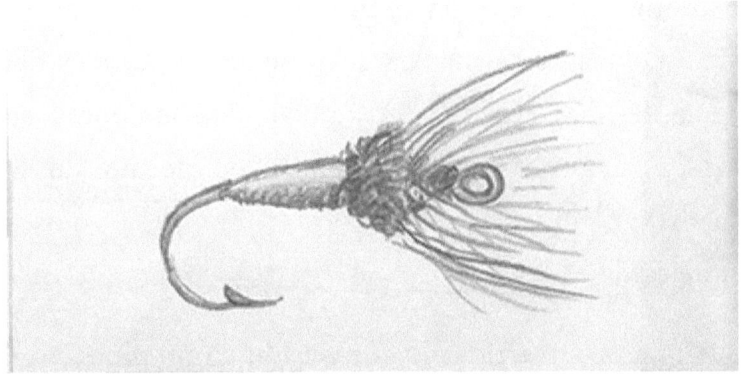

Fig. 6: *Mosca Kebari*

Como puedes ver en mi dibujo, la característica principal de la mosca kebari es que tienen el pelo hacia atrás en comparación con las moscas artificiales tradicionales.

Cuando la arrojamos al agua y lo recogemos, el pelo palpita dando la impresión de un insecto que está nadando. Este movimiento es muy tentador, es irresistible para los peces.

Esta mosca no imita a ningún insecto específico, podemos decir que hace simplemente una imitación general o una fantasía.

Este modelo puede ser usado muy bien como mosca seca colocándolo suavemente en la superficie del agua. Si después de unos pocos lanzamientos su mosca absorbe agua y navega por debajo de la superficie, puede ser usada como una mosca sumergida.

Sus plumas invertidas lo convierten en un modelo de mosca muy eficaz.

Cuando está en el agua podemos hacer llamamientos muy pequeños con nuestra caña, sus plumas invertidas hacia adelante harán un buen movimiento y serán muy visibles a los ojos de los peces.

Insectos Acuáticos

Quiero revelar un pequeño secreto que hizo que mi pesca con mosca funcionara. Es muy simple: observé la naturaleza. En particular, los insectos acuáticos y el comportamiento de algunas especies de peces que se alimentan de ellos.

Durante una eclosión, la metamorfosis de un insecto que pasa de un estado acuático a uno aéreo, notamos un gran aleteo de insectos alrededor del agua. Algunos insectos nadan distancias cortas, otros se dejan llevar por la corriente antes de emprender el vuelo. Por supuesto, todo esto atrae a los peces a la superficie para atrapar estos insectos.

A veces, con bonitos chapoteos, los peces salen del agua para atraparlos, otras veces con el mismo frenesí atacan por debajo de la superficie del agua. Al observar todo este espectáculo, nos resultará mucho más fácil entender qué tipo de mosca tendremos que utilizar.

De nuestra caja de moscas tenemos que extraer

modelos muy similares a los insectos naturales que está comiendo el pez. Es por eso que la observación de la naturaleza es muy importante, nos ayuda a comprender qué insectos debemos activar en nuestras cañas.

Por supuesto que pueden ser insectos acuáticos o terrestres. Más adelante también veremos esto último.

Los insectos acuáticos que nos interesan para la pesca de tenkara se encuentran en estos tres grandes Órdenes presentes en todos los cursos de agua: Efemerópteros, Tricópteros y Plecópteros

Efemerópteros

Los efemerópteros, también conocidas como efímeras, incluyen 2100 especies de las cuales unas 200 se encuentran en Europa.

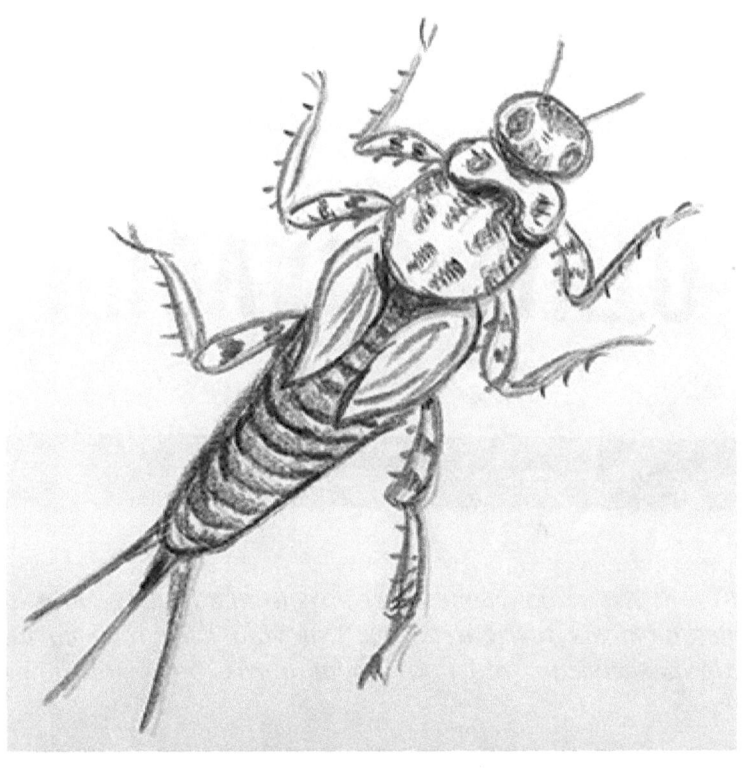

Fig. 7: Larva de efímera que vive en el agua durante mucho tiempo.

Fig. 8: *Así se convierte en el insecto que ha llegado a la metamorfosis fuera del agua, su vida será muy corta. Algunos vivirán solo unas pocas horas, otros solo unos días.*

Tienen un cuerpo muy esbelto y delicado, en la parte inferior del abdomen notamos dos o tres apéndices caudales. Sus alas son a menudo transparentes y llenas de venas, y tienen cuatro de ellas.

Las anteriores son más grandes y desarrolladas mientras que las posteriores son más pequeñas.

Cuando el insecto está en posición de reposo, estas alas están en posición vertical.

Tricópteros

Los tricópteros, cuentan con unas 6000 especies y son de tamaño medio o pequeño. Pasan del estado inicial de larva al estado de ninfa, después de un cierto período de tiempo llegan a la superficie nadando para realizar la última metamorfosis.

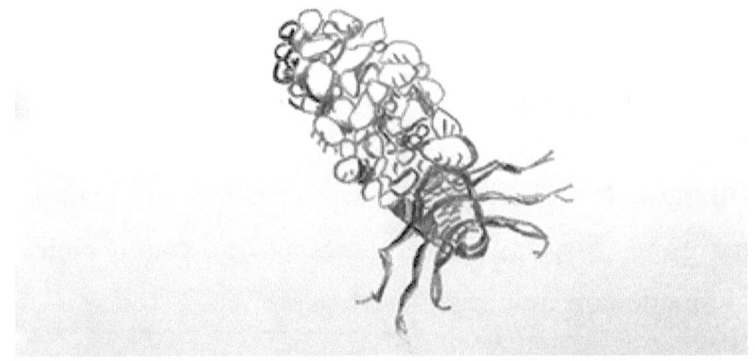

Fig. 9: Larva de Tricóptero.

La vida aérea de estos Tricópteros es mucho más larga que la de los Efemerópteros. En el estado adulto tienen dos antenas muy largas en la cabeza, tienen cuatro alas cubiertas por un plumón muy ligero.

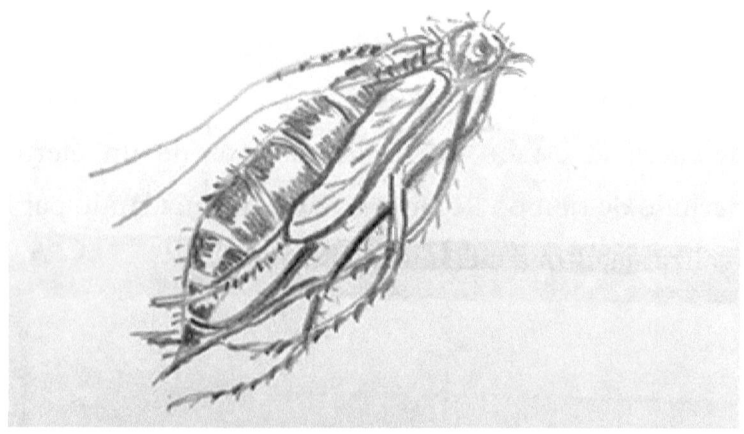

Fig. 10: *Ninfa de Tricóptero*

Cuando el insecto está en posición de reposo mantiene sus alas sobre el cuerpo en una posición inclinada con una característica forma de "techo".

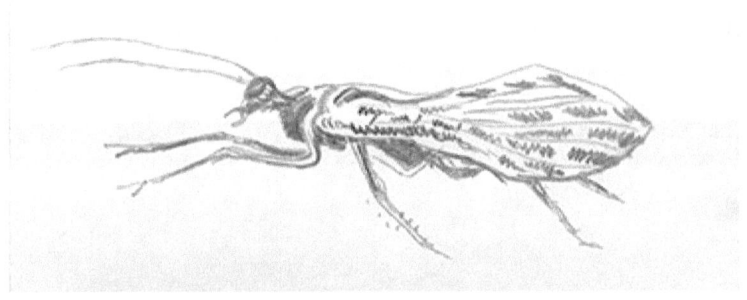

Fig. 11: Insecto adulto

Plecópteros

Los Plecópteros incluyen alrededor de 3000 especies, tienen dos antenas delanteras largas con el abdomen sosteniendo dos pequeñas colas también llamadas cerci. Vive mucho tiempo en el agua en estado de ninfa, mientras que en estado adulto su vida es bastante corta.

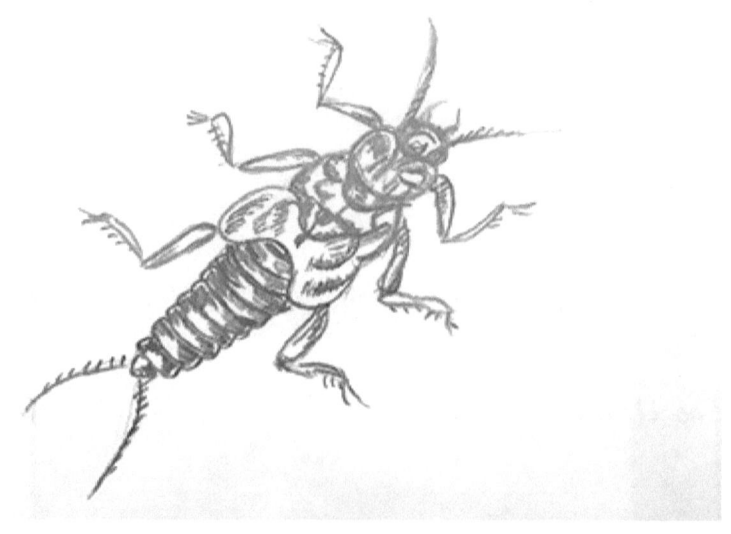

Fig. 12: Ninfa de Plecóptero.

El insecto adulto es de pequeña a mediana estatura y tiene largas antenas filiformes. Tiene cuatro alas membranosas y en reposo son horizontales y adyacentes al cuerpo.

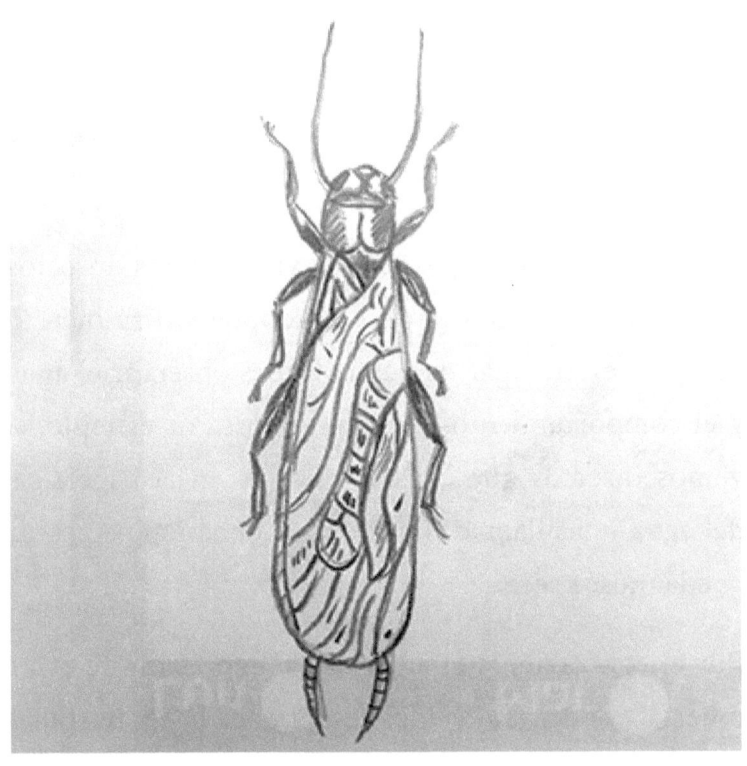

Fig. 13: Insecto adulto

Estos insectos, después de un largo período acuático como larva o ninfa, suben a la superficie y se convierten en insectos adultos, alcanzan la madurez sexual y una vez que se acoplan y ponen los huevos, el insecto termina su ciclo de vida y muere cayendo al agua.

Debes reflexionar sobre todas estas metamorfosis porque te mostrarán la imitación más apropiada de mosca, y de ello dependerá el éxito de tu viaje de pesca.

Estas diferentes etapas de la vida de los insectos sugieren la técnica de pesca a adoptar. Mira bien lo que pasa en tu lugar de pesca. Debes observar el agua y el comportamiento de los insectos. Por ejemplo, si vemos insectos que causan círculos en la superficie del agua – las llamadas burbujas - deberíamos pescar con la mosca seca.

Por el contrario, si el agua da la impresión de estar muerta, es decir, no vemos ningún pez hacer burbujas y no vemos ningún insecto caer al agua, deberíamos pescar con la mosca sumergida, o ninfa. En esta condición, los peces intentan buscar en el fondo insectos en estado de larva para alimentarse de ellos.

Ahora que hemos echado un vistazo a nuestros queridos amigos insectos acuáticos, veamos cómo usar los diversos tipos de moscas.

Cómo Utilizar los Distintos Tipos de Moscas.

Hemos visto que en la técnica del tenkara se utilizan moscas kebari cuya construcción es muy simple. Pero para ayudarte a refinar tu pesca aún más quiero presentarte otros tipos de moscas que puedes usar.

Te serán muy útiles en tus salidas de pesca. Por supuesto, recuerda observar el entorno y sacar de tu caja de moscas los modelos que más se asemejan a los insectos que pueblan tu spot de pesca.

Además de descubrirlos juntos, también te daré algunos consejos. Por ejemplo, si se decide pescar con la mosca seca y se observa que las aguas del arroyo son bastante inestables en algunas partes, es aconsejable utilizar una mosca con muchas hackles, mejor aún si cubren todo el cuerpo.

Este tipo de mosca se llama Palmer, tiene una buena flotabilidad y gracias a su vistosa coloración con contrastes de color, nos permitirá una buena visibilidad durante su recorrido en las corrientes más rápidas, permitiéndonos así tirar en el momento adecuado cuando los peces atacarán.

Podemos montarlas en los anzuelos número 10, 12 o 14. Recomendamos usar hackles blancos para la cabeza del anzuelo, para un total de 1/3, mientras que para los otros 2/3 usamos hackles negros y rojos.

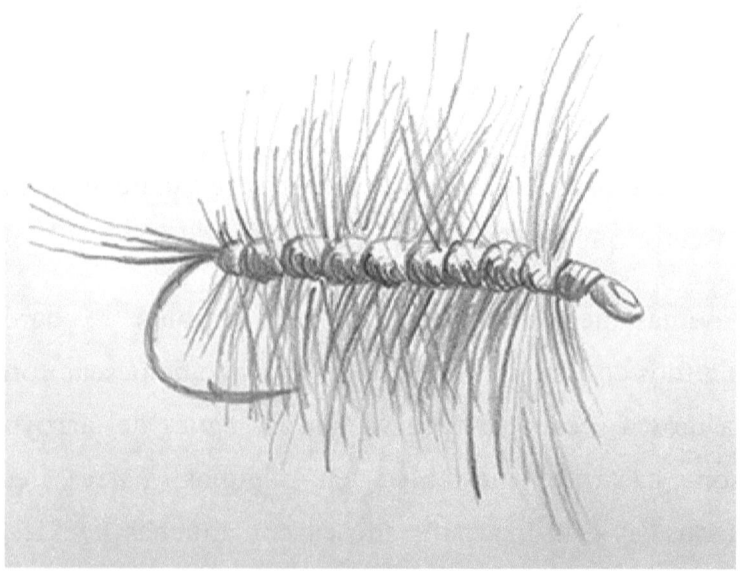

Fig. 14: Mosca Palmer

En las aguas más calmas o incluso quietas, podemos usar con seguridad nuestra kebari, o una imitación de

Tricóptero, si hemos visto estos insectos volando. Las imitaciones de Tricópteros se llaman Sedge, le sugiero que se lleve dos tipos de Sedge: uno claro y otro oscuro.

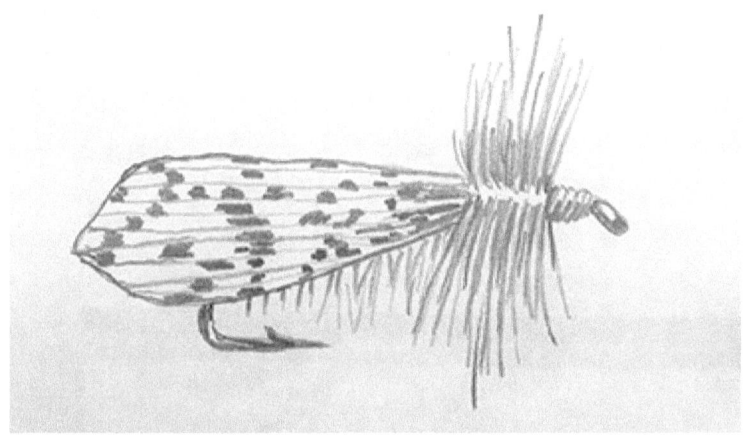

Fig. 15: *Mosca Sedge*

Por supuesto que si ves efímeras, puedes usar imitaciones de efímera. Las más usadas son estas 5: Red Spinner, March Brown, Pheasant Tail, Blue Dune Tups. Estos modelos serán suficientes para toda la temporada de pesca. Las formas son casi similares entre sí, lo que principalmente cambia es el color de las hackles y el hilo utilizado para la construcción del cuerpo.

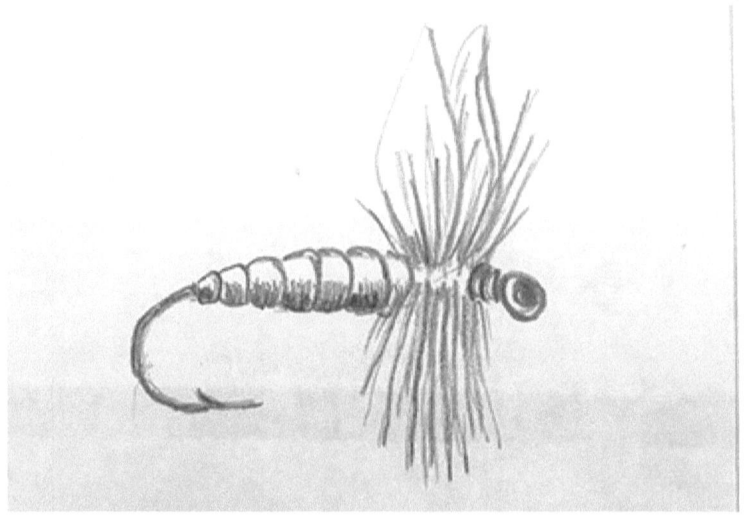

Fig. 16: *Mosca Efímera*

Con el paso del tiempo, tu experiencia te empujará a construir nuevos modelos de moscas, a dar rienda suelta a tu imaginación, a experimentar con nuevos colores y formas. Es muy divertido. Como hemos visto, la kebari también es una mosca de fantasía muy eficaz, y caben todas las variaciones posibles. Sin embargo, recuerde siempre prestar atención al color de los insectos voladores. Tendremos ventaja en la captura si nuestra kebari o mosca autoconstruida es del mismo color que el insecto natural.

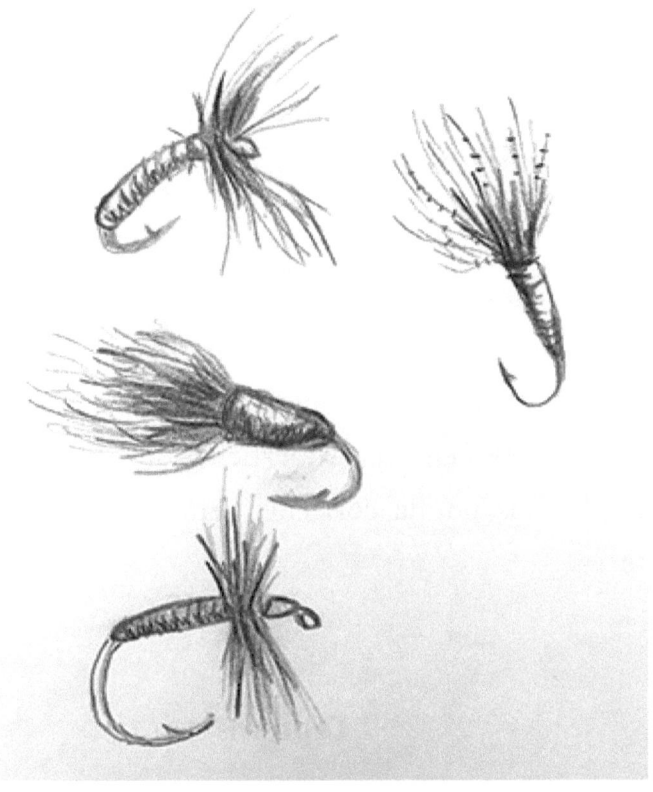

Fig. 17: Moscas Kebari

Nunca dejes de entrenar tus poderes de observación. Esto aumentará enormemente tu bagaje de experiencia.

Insectos Terrestres

Los insectos terrestres de interés para la pesca con mosca se incluyen en estos dos órdenes: Dípteros e Himenópteros.

Por supuesto, los insectos terrestres son menos importantes que los acuáticos para los peces, porque su caída al agua debe considerarse accidental. Pueden encontrarse en la superficie del agua, donde arrastrados por la corriente serán atacados por los peces.

Dípteros

A la Orden de los Dípteros pertenecen las moscas comunes que revolotean por nuestras casas, jardines y céspedes, son las llamadas moscas domésticas. Estas moscas tienen dos alas membranosas y transparentes, tienen ojos grandes, abdomen redondeado y son ligeramente peludas.

Fig. 18: Mosca Coch y Bondhu

Himenópteros

En la Orden de los Himenópteros encontramos avispas y abejas, sus alas son membranosas y el cuerpo está dividido en tres secciones separadas y son: la cabeza, el tórax y el abdomen. Las piernas son bastante fuertes.

Las hormigas también pertenecen a esta orden, pero sólo las hormigas aladas son de interés para la pesca.

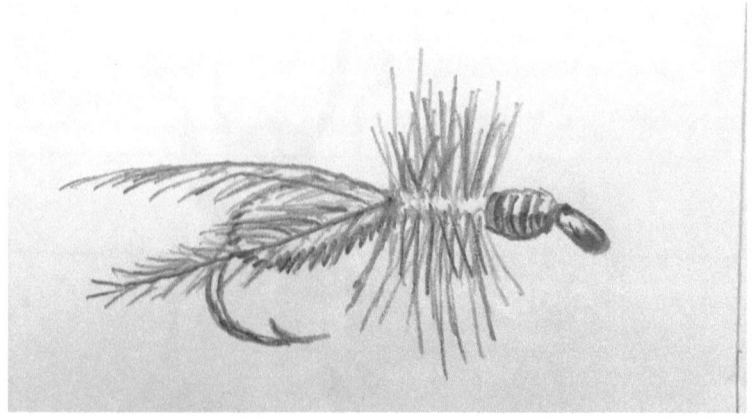

Fig. 19: *Mosca Red Ant si es roja o Black Ant si es negra.*

La Autoconstrucción de las Moscas

La autoconstrucción significa naturalmente un ahorro en equipos de pesca, pero eso no es lo que lo hace tan especial. La autoconstrucción, especialmente durante los días lluviosos o fríos que no nos permiten ir a pescar, nos hace sentir como si estuviéramos pescando, aunque simplemente estemos en nuestro rincón, donde tenemos todo lo que necesitamos para construir moscas artificiales.

Podemos imaginar que lo que estamos construyendo nos permitirá hacer hermosas capturas. A veces, cuando construyo moscas, también imagino agradables paseos cerca de los arroyos de las montañas, mientras respiro todos los perfumes y diversos olores naturales que sólo la madre naturaleza puede darnos.

Después de todo, la pesca es también una oportunidad para pasar un tiempo de calidad en el corazón de los paisajes vírgenes donde perdemos la dimensión del tiempo. ¿No es esa la magia de la pesca también?

10.
Dónde Pescar en Tenkara

Te conté mis experiencias personales, tuvimos un buen viaje a través de la historia de Tenkara y vimos las moscas que necesitamos para pescar. Creo que muchos de ustedes querrán ir a pescar ahora mismo. Muchos de ustedes se preguntarán:

"¿Dónde puedo pescar con Tenkara? No estamos en Japón, aquí la naturaleza y las aguas son muy diferentes, incluso los peces no son los mismos. La técnica es hermosa, pero ¿será posible practicarla también mi país? ¿En qué sentido? ¿En qué aguas?"

Te responderé de una manera muy simple: todo lo que necesitas es voluntad. Recuerda, querer es poder.

No todos pueden tener los hermosos torrentes, dolomitas disponibles para su conveniencia, pero no te preocupes, esto no es un problema. Con un poco de imaginación podemos pescar con seguridad en todas esas aguas que están cerca de nuestro hogar, como los pequeños arroyos de nuestros cerros, ríos y todos esos pequeños lagos y arroyos del llano.

Aunque no encontremos salvelinos podemos atrapar otros peces muy divertidos como el vairone, el cavedano y muchos otros peces que creíamos que no podían morder a los insectos. Te sorprenderá el descubrimiento de todo esto. Pesca tranquilamente donde hay agua, ¡porque donde hay agua hay peces!

¿No lo crees? Sin embargo, te aseguro que es así. No te dejes influenciar por quienes dicen que una determinada técnica debe ejercitarse sólo de cierta manera, que es sólo para ciertos tipos de peces o que debe practicarse sólo en algunas aguas y que hay reglas fijas que absolutamente no se pueden cambiar. Estas reglas tienen una sola función: limitarte.

Cada pescador debe ser libre de pescar, liberando su imaginación tanto en el equipo como en la forma en que se enfrenta a las aguas, siempre debe atreverse y experimentar y tener su propia visión personal de la pesca.

Permítanme darte un pequeño ejemplo, cerca de mi antigua casa, había pequeñas cuevas y lagos, donde nunca había visto a nadie pescar con moscas artificiales. En estos lagos la técnica más practicada era el spinning, porque los peces que vivían allí eran en su mayoría Black Bass. Muchos fueron los cebos utilizados, se utilizaron los clásicos cebos de silicona giratorios, ondulados y pececillos.

También solía pescar con estos señuelos, pero al seguir pescando en los mismos lugares y siempre capturando los mismos peces, sentí la necesidad de cambiar algo para recuperar el entusiasmo de la primera vez.

Así que empecé a ir a los mismos lugares una y otra vez, pero decidí cambiar mi técnica de pesca. Algo me sugirió que intentara pescar con mosca, así que lo hice. Aun así, atrapé al Blak Bass, pero esta vez con grandes imitaciones de la mosca y la libélula, que construí yo mismo. Pescando con una nueva técnica en esos spots, encontré un nuevo entusiasmo y sentí nuevas y divertidas emociones de nuevo.

Ahora intenta adivinar. En uno de estos lagos, después de aproximadamente un año, decidí probar una técnica nueva y sugerente. Pesqué con una simple caña de bambú de tan solo 4 metros. ¿Cuál fue esta técnica? ¡Por supuesto la tenkara!

Pesqué los mismos peces, pero confieso que fue muy divertido y emocionante. Esto confirma que todas las técnicas pueden ser buenas. En el mismo spot con diferentes técnicas he pescado los mismos peces.

Piénsalo, después de todo, el propósito de un pescador es atrapar el pez, no importa la técnica que se use, pero lo que realmente importa es jugar astutamente con el pez mientras te diviertes. Mejor aún si entonces se respeta la naturaleza y se devuelve la libertad a nuestros amigos con aletas, de cualquier especie que sean.

11.

Cómo Enfrentar el Arroyo de la Manera Correcta

La pesca en los arroyos, en mi humilde opinión, conserva todo el encanto del Tenkara. Inconscientemente sus orígenes japoneses reaparecen, inmediatamente nos damos cuenta de que estamos pescando de una manera diferente, un poco fuera de nuestro tiempo. Todo esto, creo, puede transmitirse sin darse cuenta de la verdadera esencia de la pesca.

Si queremos tener éxito en nuestro arroyo será útil conocerlo muy bien. Antes de nuestras salidas de pesca, seguimos adelante, caminando con curiosidad a lo largo del curso de agua, observándolo con atención, escudriñando sus aguas y todos sus obstáculos naturales, los hoyos y cascadas con todas sus vivas corrientes.

Será apropiado tamizar a través de cada agujero, roca o cascada en busca de peces, porque aunque no los veamos, no significa que no estén allí, sino que sólo están esperando para moverse en el momento adecuado.

Pero siempre hay que tener en cuenta una regla básica: ¡aprender a no ser visto por los peces!

Intenta imaginar dónde podría estar la presa. Te daré algunas sugerencias. Normalmente los peces se esconden detrás de las piedras o de cualquier otro obstáculo natural y se colocan en posición con sus bocas mirando hacia arriba. Esto se debe a que la corriente arrastra su alimento río abajo, y nuestros peces lo estarán esperando.

Especialmente en los períodos más fríos difícilmente veremos a los peces nadando en las corrientes más rápidas, porque en este período hay muy pocos insectos para comer, el alimento es escaso y sólo algunas larvas arrastradas por la corriente pueden aparecer. Los peces consumirían demasiada energía para nadar contra la corriente, así que en estas condiciones los peces se mueven muy poco. Estarán en los rincones tranquilos, listos para moverse cuando cualquier fuente de comida pase frente a sus ojos.

Caminar en el arroyo no siempre es fácil, en ocasiones la vegetación es muy densa hasta el punto que nos impide continuar, en este caso tendremos que rodearla y buscar un camino más fácil. En ocasiones puede pasarnos encontrarnos frente a una cascada que nos niega el ascenso, además en este caso con mucha tranquilidad tendremos que volver atrás y dar un amplio círculo para poder superarla.

Es importante conocer estos posibles riesgos, ellos nos ayudarán a estar preparados cuando estos inconvenientes pudieran ocurrir durante nuestro viaje de pesca. De esta forma evitaremos perder inútilmente.

Lo primero que hay que recordar cuando remontamos el arroyo es que hay que tener mucho cuidado con lo que tocamos con las manos. Nunca debemos colocarlas en una piedra o cerca de un barranco sin antes haber observado cuidadosamente. Así como nunca debemos meternos en los arbustos, si no los hemos movido primero con el bastón o la bota, porque hay una posibilidad real de encontrarnos con un mal cliente: ¡estoy hablando de la víbora!

La ropa adecuada será útil para enfrentar el arroyo. Recomiendo llevar un bonito par de anfibios o botas muy altas, pantalón de terciopelo macizo y un sombrero de ala ancha. Un sombrero grande es útil porque al atravesar la vegetación puede pasar que algunos insectos, orugas u otros animales pequeños puedan caer sobre nuestras cabezas y picarnos o causarnos alguna irritación.

Aprende a conocer bien tu arroyo, estúdialo a fondo. La práctica asidua de un solo arroyo conduce después de unos años a un conocimiento total que te permitirá hacer buenas capturas con mayor convicción y facilidad.

Puede resultarte útil hacer un diario de tu río, arroyo o cualquier otro lugar. Puedes crear mini diarios en los que para cada uno de tus puntos de pesca marques las moscas que más peces han capturado. Puedes anotar la estación del año y anotar los colores de las moscas y las plumas utilizadas. Así que cuando vuelvas a pescar en esos lugares, seguro que tendrás éxito.

12.

Cómo pescar a Tenkara

Ahora que nos hemos familiarizado con nuestro arroyo podemos afrontarlo de la manera correcta y finalmente comenzar nuestro deseado viaje de pesca.

Conocemos el camino, hemos visto si es resbaladizo o no, sabemos cuánto espacio hay de una orilla a otra, y hemos notado algunos lugares donde se encuentran peces.

Pues bien, ahora podemos elegir el tamaño de nuestra caña que consideremos oportuno, preparar nuestra línea y lanzar nuestro cebo al agua.

Nuestra Caña para el Tenkara

Las cañas para el tenkara pueden ser de diferentes modelos, desde las antiguas cañas de bambú con injertos hasta las muy modernas cañas telescópicas de carbono. Algunas cañas están en tres piezas, mientras que otras están construidas en más piezas, pero más cortas, aunque la longitud total de la caña puede ser la misma.

Todos estos modelos tienen un cordón llamado lilian encima a la parte superior de la punta. Una cuerda llamada level line se adjunta al lilian. Como ya hemos visto, tanto los antiguos pescadores japoneses como los pescadores de Valsesia usaban crin de caballo.

Cómo Preparar la Línea

La longitud de la level line suele ser igual a la longitud de la caña, rara vez se utiliza una medida más larga. Al final de la level line ataremos un trozo de nylon tan largo como nuestros brazos abiertos. Normalmente el grosor del nylon varía entre 0,14 y 0,12. En este punto sólo tenemos que elegir la kebari que creemos más apropiada, atarla al nylon y empezar a pescar.

Como has visto, es muy fácil preparar la línea. Una de las muchas cosas que me gustan del tenkara es que nos permite enfrentarnos a nuestro arroyo con un equipo mínimo, y esto hace nuestra ruta mucho más fácil. De hecho, como hemos visto, sólo necesitamos una simple caña de bambú, un cordón tan largo como nuestra caña, un pedazo de nylon tan largo como nuestros brazos abiertos y algunas moscas.

Este simple equipo es más que suficiente para pasar una tarde agradable con el espíritu de Tenkara adecuado.

El Lanzamiento en el Agua

Ahora que nuestra montura está lista, nos acercaremos al arroyo con pasos suaves, evitando cualquier tipo de ruido o movimiento brusco. Si necesitamos arrastrarnos para escondernos de los peces, lo haremos. No tenemos que llegar al borde del arroyo, sino unos metros atrás. Esto es para evitar ser visto por los peces.

Al principio tenemos que pescar cerca de nosotros. Entonces lanzaremos nuestra mosca donde comienza el agua. Entonces, lanzamiento tras lanzamiento, nos moveremos más y más lejos hasta que alcancemos el borde de la corriente para poder lanzarnos más lejos. Al hacerlo, escanearemos todos los refugios de peces.

Si después de un tiempo que tiramos en un lugar nos damos cuenta de que los peces no pican, podemos movernos con seguridad a otro lugar. No tenemos que estar afanados, debemos mantener la calma. Tenemos que mirar el nuevo spot con cuidado imaginando dónde podemos encontrar a nuestros amigos con aletas.

Con nuestros lanzamientos intentaremos que nuestra mosca pase justo delante de la boca del pez tratando con algún movimiento de la caña para atraer su atención, para inducirlo a lanzar el ataque.

La Captura y Suelta

El pescador deportivo siempre practica la captura y suelta, que consiste en liberar al pez una vez capturado. Esto para mí es un noble gesto hacia los peces, después de que nos han hecho disfrutar devolverles s su libertad es lo menos que podemos hacer. Sería mejor usar anzuelos sin hebilla, nos permitirán una liberación más rápida y menos dolorosa para los peces. Antes de atrapar el pescado con la mano, sería mejor mojarla para evitar posibles daños en la piel del pez.

Me gusta practicar la captura y suelta, es agradable poder ver el pez en nuestra mano sumergida en el agua mientras lo liberamos. Es una hermosa sensación verlo partir de nuevo, seguirlo con nuestros ojos hasta que desaparezca por completo.

Inconscientemente sabemos que hemos establecido un profundo vínculo entre nosotros y él, aunque el pez no sea de nuestra opinión, pero siempre llevaremos con nosotros la conciencia eterna de un contacto que nunca nos abandonará.

Conclusión

Queridos amigos pescadores, hemos llegado al final de nuestro viaje por el tenkara. Espero que les haya gustado y les haya transmitido de la mejor manera lo que aprendí durante mis viajes de pesca.

Pero antes de despedirme, quería decir unas palabras sobre nuestro querido amigo bambú. Podemos pescar con cañas muy modernas, caras, ultraligeras, que se adaptarán perfectamente a nuestras necesidades, pero la emoción y ese encanto antiguo que creíamos que ya no existía solo se pueden encontrar cuando pescamos con una simple caña de bambú.

Es asombroso cómo nuestro concepto de pesca cambia de pronto. Súbitamente todo cambia. El tiempo no solo se detiene, sino que somos catapultados hacia el pasado. Nos sentimos transportados a una dimensión diferente, muy lejos de nuestra conciencia habitual. Y de repente, ya no estamos en el pequeño arroyo de nuestras amadas colinas, sino que hemos entrado en otra dimensión. Nuestro pequeño torrente de repente se vuelve especial, se ha convertido en un rincón encantado del mundo donde refugiarse, lejos de una sociedad cada vez más artificial.

Sentimos una sensación de profunda paz interior que sugiere que siempre seguiremos pescando así si queremos seguir saboreando la verdadera esencia de la pesca.

Entrar en plena armonía con la naturaleza es la clave. No hay secretos o tabúes que desacreditar, sino sólo un camino lógico que inconscientemente nos está mostrando cuál es el camino correcto a seguir.

¡Gracias Tenkara! ¡Gracias Querido amigo Bambú! Y gracias a ti también Querido Amigo Pescador por leer estas páginas. Espero verte/encontrarte en mi próximo viaje.

Lelio

Referencias Bibliográficas

Boccardo, M. (n.d.). *Ami*. Essenza Pesca. Retrieved November 12, 2020, from https://www.essenzapesca.com/ami/

Boccardo, M. (n.d.). *Le Piume*. Essenza Pesca. Retrieved November 12, 2020, from https://www.essenzapesca.com/le-piume/

Boccardo, M. (n.d.). *Trenini e Mosche Valsesiane*. Essenza Pesca. Retrieved November 12, 2020, from https://www.essenzapesca.com/trenini-e-mosche-valsesiane/

Discover Tenkara, (n.d.). *Tenkara: la guida definitiva*. Retrieved June 14, 2020, from https://www.discovertenkara.com/tenkara-it/

Gaskell, P. (2020). *The Legendary Yuzo Sebata*. Tenkara Angler. Retrieved June 14, 2020, from https://tenkaraangler.com/2020/06/08/the-legendary-yuzo-sebata/

Lyle, M. (2019). *Tenkara Today*. Stackpole Books.

National Geographic, (2017). *La caza de osos de los matagi, una tradición sagrada y polémica en Japón.* Retrieved June 15, 2020, from https://www.nationalgeographic.es/historia/2017/11/la-caza-de-osos-de-los-matagi-una-tradicion-sagrada-y-polemica-en-japon

Pesca Network, (2011). *Pesca alla Valsesiana.* Pescanetwork.it Retrieved November 12, 2020, from http://www.pescanetwork.it/forum/index.php/topic/46196-pesca-alla-valsesiana/

Scalvini, A. (n,d,). *La canna per la mosca valsesiana.* Moscavalsesiana.it. November 13, 2020, from https://www.moscavalsesiana.it/it/blog/la-canna-per-la-mosca-valsesiana

Stewart, C. (n.d.). *Pesca Mosca Valsesiana.* Tenkara Bum. Retrieved November 12, 2020, from https://www.tenkarabum.com/pesca-mosca-valsesiana.html

Wigen, E. K. (1995). *The Making of a Japanese Periphery, 1750 - 1920.* University of California Press.

LA PESCA SIMPLE CON PAN

¿El Verdadero Secreto?
¡La Experiencia!

Lelio Zeloni

www.ingramcontent.com/pod-product-compliance
Lightning Source LLC
Chambersburg PA
CBHW020910080526
44589CB00011B/530